# KOCHPLAN

## GUT & GÜNSTIG KOCHEN MIT SYSTEM

ROSE MARIE DONHAUSER, SYLVIA SCHAAB

# INHALT ←

## WOCHENPLAN 4:

Der Frühling ist da und bringt
viel bunte Frische auf die Teller …
**ab Seite 56.**

## WOCHENPLAN 1:

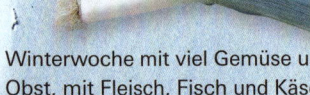

Winterwoche mit viel Gemüse und
Obst, mit Fleisch, Fisch und Käse …
**ab Seite 12.**

## WOCHENPLAN 5:

Die Spargelsaison beginnt.
Auch anderes Frühlingsgemüse
bereichert den Speiseplan …
**ab Seite 70.**

## WOCHENPLAN 2:

In dieser Woche gibt's Gemüsesorten der heimischen Winterküche … **ab Seite 26.**

## WOCHENPLAN 6:

Sommerküche voller frischer
Kräuter bringt diese Woche …
**ab Seite 84.**

## WOCHENPLAN 3:

Alte Wintergemüsesorten
können Sie in dieser Woche ausprobieren, z. B. Topinambur …
**ab Seite 40.**

## SPECIALS

## WOCHENPLAN 7:

Bei hohen Temperaturen sind die leichten Rezepte dieser Woche ideal … **ab Seite 98.**

## WOCHENPLAN 11:

Im Spätherbst gibt es noch allerlei vom Feld, z. B. Möhren, Blumenkohl oder Wirsing … **ab Seite 156.**

## WOCHENPLAN 8:

Grün und unbeschwert geht es in dieser Sommerwoche zu … **ab Seite 112.**

## WOCHENPLAN 12:

Gemüsevertreter der kalten Jahreszeit kommen diese Woche auf den Tisch … **ab Seite 170.**

## WOCHENPLAN 9:

Diese Woche bietet eine Mischung aus Sommer- und Herbstgemüse … **ab Seite 128.**

## + NACHTISCH!

Süßes für weniger als 1,50 Euro pro Portion: Fruchtig-Frisches, Schokoladiges, Würziges – da ist für jeden etwas dabei … **ab Seite 184.**

## WOCHENPLAN 10:

Jetzt wird's herbstlich – mit Kürbis, Brokkoli und Paksoi … **ab Seite 142.**

## SERVICE

Die Mission: Nur 1× einkaufen, 7× kochen – gesund, günstig und ohne Reste. Klingt unmöglich? Mit ›Kochplan‹ gelingt das ganz leicht, denn Planung ist der Schlüssel zu einem entspannten Küchenalltag. Grübeln Sie nie wieder darüber, was Sie kochen sollen, vermeiden Sie unnötige Supermarktbesuche und sparen Sie bares Geld! Weniger als 70 Euro – mehr kosten die Einkäufe pro Woche nicht, oft sogar deutlich weniger.

## SO FUNKTIONIERT ›KOCHPLAN‹

Sie haben die Wahl zwischen 12 abwechslungsreichen Wochenplänen. Die Rezepte sind für 4 Portionen ausgelegt. Weil saisonal kochen meist gesünder, günstiger und abwechslungsreicher ist, sind die Wochenpläne den Monaten zugeordnet. Der Einkaufszettel ist schon geschrieben und steht zu Beginn eines jeden Wochenplans. »Aus dem Vorrat« – das sind Lebensmittel, die normalerweise im Haushalt vorhanden sind, – diese müssen meist nicht mehr eingekauft werden. Unsere Wochenpläne starten am Samstag, da dann statistisch gesehen die meisten Menschen einkaufen gehen. Sie können natürlich auch an jedem anderen Tag starten, aber auf jeden Fall am Tag des Einkaufs. Die Wochenpläne sind so konzipiert, dass auch am sechsten und siebten Tag alles noch frisch und lecker ist. Hackfleisch gibt es also am Anfang der Woche, robusten Eisbergsalat auch noch am Ende der Woche. Wer nicht so viel Platz im Kühlschrank hat, kann alternativ meist auf tiefgekühltes Gemüse zurückgreifen.

### SMARTPHONE-BESITZER AUFGEPASST

Damit Sie nicht mit dem Buch in der Hand einkaufen gehen müssen, gibt es die Einkaufslisten online. Der QR-Code zu Beginn jedes Wochenplans leitet Sie direkt dorthin. Laden Sie sich dafür einmalig einen beliebigen QR-Code-Scanner auf Ihr Phone. Nach dem Scannen öffnet sich eine Website, die zusätzliche Funktionen bietet: Sie können bereits vorhandene Lebensmittel streichen sowie den Einkaufszettel herunterladen und verschicken.

## GESUND UND GÜNSTIG EINKAUFEN

Gesund einkaufen muss nicht teuer sein. Es gibt viele Tricks, die beim Geldsparen helfen. Der beste und simpelste: Kaufen Sie nur das ein, was Sie wirklich brauchen. Dabei helfen unsere Wochenpläne. Mit den Einkaufszetteln vergessen Sie nichts, und es landet nur das im Einkaufswagen, was auch wirklich gegessen wird. So sparen Sie Geld und Platz im Schrank.

### WARUM IST SAISONALES OBST UND GEMÜSE GÜNSTIGER UND GESÜNDER?

Die Nummern der Wochenpläne entsprechen grob den Monaten im Jahr. Die in dieser Woche verwendeten Lebensmittel haben dann Saison, sodass die Einkäufe für Sie günstiger und die Gerichte gesünder werden. In der Saison ist das Angebot am größten und die Preise der jeweiligen Gemüse- oder Obstsorte sind daher besonders niedrig. Wenn Obst und Gemüse viel Sonne bekommt und Zeit zum Reifen hat, enthält es mehr Nährstoffe als im Gewächshaus. Bei Gemüse ist die Nitratbelastung von Treibhausware höher als bei Pflanzen, die im Freien wachsen durften: Der Mineralstoff Nitrat ist im Boden und im Dünger. Haben die Pflanzen wenig Licht, wird Nitrat nur langsam abgebaut. Im Freiland geht das schneller. Obst- und Gemüseanbau im Freiland ist außerdem umweltschonender, da er weniger Energie verbraucht und damit geringere Mengen $CO_2$ freigesetzt werden.

### WEITERE TIPPS FÜR DEN GESUNDEN EINKAUF

**1.** Achten Sie bei Obst und Gemüse auf Frische und Reife. So bekommen Sie die meisten Nährstoffe, denn nach der Ernte nimmt der Mineralstoff- und Vitamingehalt in den Früchten ab.

Sie erkennen reife, frische Früchte an der Farbe, am Geruch und an ihrer Festigkeit. Sie sollten bei leichtem Druck nachgeben. Bei Salat, Blumenkohl oder Möhren erkennen Sie an den Schnittstellen, wie frisch das Gemüse ist: Fühlen sich diese trocken und hölzern an, ist das Gemüse nicht mehr allzu frisch und sollte zu Hause besonders schnell verarbeitet werden. Bei hellgrauen Schnittstellen und ausgetrocknetem Strunk ist das Gemüse schon alt.

**2.** Lassen Sie sich nicht vom Aussehen täuschen: Je glänzender der Apfel, desto wahrscheinlicher wurde er mit Pflanzenschutzmitteln und Wachs behandelt.

**3.** Lieber tiefgekühlt als welk: Brauchen Sie Gemüse erst zum Ende der Woche oder ist das angebotene Frischgemüse bereits gelb und welk, greifen Sie lieber ins Tiefkühlfach oder zur Dose.

**4.** Bevorzugen Sie regionale Produkte: Was nicht weit transportiert werden muss, ist frischer und hat somit auch mehr Vitamine. Leider kommt im Supermarkt als regional bezeichnete Ware nicht immer aus Ihrer Region. Die Tester der Stiftung Warentest haben festgestellt, dass die Region auch am anderen Ende der Republik liegen kann. Achten Sie daher genau auf die Herkunft solcher Produkte.

## BIO ODER KONVENTIONELL?

Bioprodukte kosten meist mehr, weil sie aufwendiger produziert und verarbeitet werden. Das bedeutet jedoch nicht, dass ihre Produktion in der Summe teurer ist als die von konventionellen Lebensmitteln.

Bei konventionellen Produkten fallen eine Menge sogenannte externe Kosten an, die nicht direkt vom Verbraucher gezahlt werden, sondern indirekt: So werden etwa die Folgekosten der Nitrat- und Pestizidbelastung von Gewässern und Trinkwasser an den Steuerzahler und den Wasserkunden weitergegeben. Rechnet man diese Folgekosten mit ein, verringert sich der Preisunterschied schon merklich.

Gesundheitlich ist Bio-Obst und -gemüse auch von Vorteil: Mehr Nährstoffe kann man in Bioware zwar nicht nachweisen. Biofrüchte dürfen jedoch nicht mit schädlichen Pestiziden gespritzt werden, daher sind sie dennoch ein Plus für die Gesundheit.

### VORTEILE VON TIEFKÜHL- UND DOSENGEMÜSE

Tiefgekühltes Obst und Gemüse ist erntefrisch eingefroren und hat daher einen höheren Vitamingehalt als lang gelagertes Frischgemüse. Auch Konserven sind oft gute Alternativen zur Frischware: So kommen bei Tomaten nur voll ausgereifte Früchte in die Dose – an der Gemüsetheke fehlt den Tomaten jedoch häufig das Aroma.

Noch ein entscheidender Vorteil: Tiefgefrorenes Gemüse und Gemüse aus der Dose ist schon gewaschen, geschält und klein geschnitten. Sie sparen sich eine Menge Arbeit und damit Zeit. Und Sie vermeiden auch noch Abfall: Wo nicht geschält werden muss, wandert auch keine Schale in den Mülleimer.

## SO KAUFEN SIE GÜNSTIG EIN

**1.** Gehen Sie nie hungrig einkaufen! Ein leerer Magen führt zu einem vollen Einkaufswagen.

**2.** Halten Sie sich an Ihren Einkaufszettel – es sei denn, ein Gemüse ist besonders günstig, dann ersetzen Sie es gegen eines auf Ihrem Zettel.

**3.** Günstig einkaufen heißt bücken: Die preiswertesten Produkte stehen meist in den unteren Regalreihen.

**4.** Vergleichen Sie die Preise: Vielleicht sind einige Lebensmittel tiefgekühlt, in Dosen oder getrocknet günstiger als frisch. Lebensmittel, die Sie regelmäßig kaufen, besorgen Sie am besten dort, wo diese am günstigsten sind. Doch bedenken Sie, dass Benzin auch Geld kostet und fahren Sie nicht wegen 2 Dosen Mais 10 km weiter.

**5.** Kaufen Sie, wenn möglich, Obst und Gemüse lieber einzeln, auch wenn das vermeintlich teurer ist. Oft liegen in Packungen weniger schöne oder angefaulte Exemplare, die Sie dann wegwerfen müssen. Außerdem sparen Sie den Verpackungsmüll.

Gesünder ist Biofleisch obendrein: In Untersuchungen wurde festgestellt, dass das Fleisch von Rindern, die im Sommer auf der Weide grasen konnten, doppelt so viele gesunde Omega-3-Fettsäuren enthielt wie das Fleisch von Artgenossen, die ausschließlich im Stall standen – wie es bei der Massentierhaltung leider der Fall ist.

Auch setzen Biobauern deutlich weniger Antibiotika ein, was die Gefahr resistenter Keime eingrenzt. Wegen der aufwendigeren Produktion ist Biofleisch meist deutlich teurer als konventionelle Ware. In unseren Speiseplänen gibt es nur an zwei bis drei Tagen Fleisch. So können Sie hochwertiges Biofleisch einkaufen und bleiben trotzdem im Budget.

## EINKAUFSTIPP FÜR FLEISCH UND GEFLÜGEL

Wer sichergehen möchte, dass Fleisch und Geflügel nicht aus Massentierhaltung stammt, sollte Bioware oder Produkte mit Tierwohlsiegel kaufen. In den Tests schnitten konventionell produziertes Fleisch und Biofleisch geschmacklich gleich ab. Allerdings legten Bioproduzenten deutlich mehr Wert auf Tier- und Umweltschutz sowie die Arbeitsbedingungen in den Höfen.

## EINKAUFSTIPP FÜR FISCH

Umweltsiegel wie das blaue Label des Marine Stewardship Council (MSC), Friend of the Sea (FOS) oder die Biosiegel stehen für nachhaltige Fischerei. Die Einkaufsratgeber für Fisch von Greenpeace und WWF gibt es auch als App, sodass man sich auch beim Einkaufen über die Herkunft informieren kann.

# SO LAGERN SIE IHRE EINKÄUFE RICHTIG

Mit einer optimalen Lagerung können Sie dafür sorgen, dass Ihre Lebensmittel besonders lang frisch bleiben. Einen geeigneten Platz zur Vorratshaltung zu finden, ist nicht immer einfach: Die Küche ist zu warm oder der Keller zu feucht. Auch deswegen sind unsere Wochenpläne an die Jahreszeiten angepasst. So werden die Lebensmittel frisch verbraucht und müssen nur maximal sechs Tage überdauern. Grundsätzlich sollten Lebensmittel möglichst kühl bei 0 bis 12 °C, lichtgeschützt, frostsicher und bei guter Belüftung aufbewahrt werden.

## TIPPS FÜR DIE BESTE LAGERUNG

**1.** Überblick behalten: Stellen Sie neue Vorräte immer nach hinten und verbrauchen Sie zuerst die ältere Ware.

**2.** Die Nachbarschaft zählt: Äpfel, Birnen oder Tomaten sollten separat gelagert werden. Diese Früchte reifen nach und verderben so andere Lebensmittel.

**3.** Entfernen Sie bei Möhren, Kohlrabi, Rettich oder Radieschen die Blätter möglichst bald. Sie entziehen dem Gemüse Feuchtigkeit, sodass der Alterungsprozess schneller einsetzt.

**4.** Ist Joghurt oder Quark erst einmal geöffnet, ziehen sie Bakterien an. Daher sollten Sie diese Milchprodukte möglichst schnell verbrauchen und bis dahin mit Frischhaltefolie gut abdecken. Wird eine Konserve geöffnet, aber nicht ganz geleert, hält der Inhalt umgefüllt in saubere, dicht schließende Behälter aus Glas, Metall oder Kunststoff viel länger.

**5.** Ab in den Keller: Wer einen kühlen Keller oder eine Garage hat, kann dort Kartoffeln, Möhren oder Äpfel über längere Zeit gut lagern. Kartoffeln am besten lose auf einem Lattenrost oder in einer Lattenkiste mit Papier abgedeckt lagern. Möhren oder Rote Bete lagern gut in einer Sandkiste.

**6.** Gemüse einfrieren: Um Platz im Gemüsefach des Kühlschranks zu schaffen oder einzelne Gemüsesorten nicht welken zu lassen, lohnt es sich, das Gemüse einzufrieren. Planen Sie dafür am Wochenende nach dem Einkauf etwas Zeit ein. Tipps dazu finden Sie auf Seite 54.

## LAGERUNG IM VORRATSSCHRANK

Trockene Lebensmittel wie Mehl, Zucker, Salz, Reis, Nudeln und getrocknete Hülsenfrüchte wie Linsen halten sich dunkel und trocken nahezu unbegrenzt. Vollkornprodukte können jedoch nach sechs bis zwölf Monaten ranzig werden. Gewürze halten sich in lichtundurchlässigen, dichten Behältern ungemahlen bis zu zwei Jahre. Sie verlieren nach und nach ihr Aroma. Daher sollte man Gewürze, die man selten benötigt, in kleineren Mengen kaufen. Konservendosen eignen sich gut, um vitaminreiches Gemüse zu lagern. Dosentomaten bleiben so etwa zwei Jahre frisch. Wölbt sich der Dosendeckel, dann sofort wegwerfen.

## LAGERUNG IM KÜHLSCHRANK

Alles, was in den Kühlschrank kommt, sollte gut verpackt sein. So werden keine Gerüche übertragen, Geschmack und Frische bleiben erhalten, Keime breiten sich nicht so leicht aus. Bei klassischen Kühlschränken herrschen in jedem Fach andere Temperaturen. Bei etwa 10 °C sind im Gemüsefach die besten Bedingungen zum Lagern von Gemüse. Im unteren Fach lagern Fisch, Wurst und Fleisch bei 2 °C ideal, im mittleren Fach sind bei 5 °C Milchprodukte gut aufgehoben, und ganz oben bei ca. 8 °C fühlen sich Käse, gekochte Speisen und Geräuchertes wohl. Im Türfach ist bei etwa 9 °C Platz für Eier, Butter, Saucen, Marmelade und Getränke.

### Nicht in den Kühlschrank gehören:
- exotische Früchte wie Banane, Mango, Papaya und Ananas
- Zitrusfrüchte (sie trocknen aus)
- stark wasserhaltige Gemüsesorten wie Tomaten, Paprika oder Gurken (sie verlieren ihr Aroma)
- Speiseöle (sie flocken aus)

In sogenannten **Mehrzonenkühlschränken** kommen auch Lebensmittel unter, die in normalen Kühlschränken zu kalt oder zu warm stehen würden. Für kälteempfindliche Früchte gibt es ein eigenes Fach, in dem bei etwa 8 bis 12 °C ideale Lager-

bedingungen – wie im Keller – herrschen. Im trockenen Null-Grad-Fach halten sich verpackte Milchprodukte sowie Fisch, Fleisch und Wurst besonders lange. Ein feuchtes Null-Grad-Fach ist der optimale Lagerort für kälteunempfindliches loses Obst und Gemüse, Kräuter und Blattsalate. Dank der hohen Luftfeuchtigkeit von etwa 90 % bleiben Äpfel & Co. bis zu dreimal länger vitaminreich, prall und knackig.

## WAS HÄLT WIE LANGE?

**Eier** sind laut Aufdruck vom Legedatum an mindestens vier Wochen haltbar, können aber eventuell krankmachende Salmonellen mitbringen. Kühlschranktemperaturen bremsen die Vermehrung dieser Bakterien. Für Rezepte wie Mousse au Chocolat oder Tiramisu nur ganz frische Eier nehmen, Speisen nur kurz ungekühlt lassen.

Frischen **Fisch** möglichst auf Eis legen und damit bedecken. Auch verpackter Räucherfisch muss genügend gekühlt sein. Ware, die das Ende der Mindesthaltbarkeit fast erreicht hat, nicht mehr kaufen.

**Fleisch** verdirbt bei Zimmertemperatur schnell. Legen Sie es nach dem Einkauf sofort in den Kühlschrank oder bereiten Sie es direkt zu. Das Verbrauchsdatum sollte in jedem Fall beachtet werden. Nach Ablauf das Fleisch nicht mehr verzehren!

**Käse** sollte verwandtschaftlich gelagert werden, also Hart- und Weichkäse getrennt. Die Geschmacksnoten können sich beeinflussen. Frisch geriebener Käse bleibt bis zu drei Tage frisch, Schnittkäse wie Gouda zehn bis 14 Tage.

Die Tabelle ab Seite 197 gibt einen umfassenden Überblick über Lagerung und Haltbarkeit von Obst, Gemüse und vielen weiteren Lebensmitteln.

# FÜR DEN VORRAT

Nicht alles, was wir in unseren Wochenplänen ver-
kochen, muss frisch gekauft werden. Hier finden
Sie Lebensmittel, die sich über längere Zeit halten
und daher gut auf Vorrat eingekauft werden können. Damit Sie aber auch in der Woche alles im
Hause haben, werden diese Basics jeweils unter-
halb des Einkaufszettels aufgeführt.

## DAS SOLLTE MAN IMMER IM HAUS HABEN

**Weizen- oder Dinkelmehl:** Type 505. Alternativ
auch Dinkelvollkorn, gern auch zum Mischen.
Dinkelmehl hat mehr Nährstoffe als Weizenmehl
und ist für Allergiker eine gute Alternative.
**Zucker:** Raffinadezucker für feines Gebäck und
Rohrzucker, der gut zum Backen bzw. Tee und
Kaffee ist
**Honig:** am besten aus der Region
**Hefe:** frisch oder trocken für einen schnellen
Pizzateig
**Instantbrühe:** Gemüse und je nach Vorliebe
Huhn/Fleisch
**Tomatenmark:** aus der Tube oder aus kleinen
Dosen
**Tomaten (Dose/Tetrapak):** am besten ganze,
die Sie dann bei Bedarf klein schneiden,
oder gestückelte
**Senf:** mittelscharf
**H-Schlagsahne/Sojacreme**
**Olivenöl**
**neutrales Pflanzenöl:** Raps, Sonnenblume,
Distel, Walnuss oder Ähnliches
**Essig:** ein heller (z. B. Weißweinessig) und ein
dunkler (Balsamessig)
**Nudeln:** Sorten nach Belieben, am besten eine
Bandnudelsorte (Spaghetti, Tagliatelle etc.) und
eine runde Sorte (Penne, Makkaroni, Rigatoni etc.),
wer mag, auch aus Vollkorn

**Reis:** Langkornreis, Basmati- und Risottoreis
**Couscous:** als schnell gekochte Beilage
**rote oder gelbe Linsen:** Da sie nicht vorher
eingeweicht werden müssen, eignen sie sich für
spontane Gerichte.
**Kichererbsen:** vorgekocht aus der Dose
**Kartoffeln:** festkochende und mehligkochende
jeweils im 1½-Kilo-Netz; mittelfrühe bis späte Sorten lassen sich bis zu acht Monate lagern
**Knoblauch**
**Zwiebeln**
**Thunfisch aus der Dose:** in eigenem Saft,
am besten mit MSC-Siegel
**Toastbrot/Knäckebrot/Aufbackbrötchen,
-baguette oder -ciabatta**

**Gewürze:**
– Salz
– Pfefferkörner,
  bunt und schwarz
– Paprikapulver, rosen-
  scharf und edelsüß
– Kräuter der Provence
– Dill
– Zimt
– Muskatnuss
– Nelken
– Lorbeerblätter
– Bohnenkraut,
  getrocknetes
– Cayennepfeffer
– Chilipulver
– Currypaste
– Currypulver

– Estragon,
  getrockneter
– Kapern
– Kerbel, getrockneter
– Korianderkörner
– Kreuzkümmel
– Kümmel
– Kurkuma, gemahlen
– Majoran
– Oregano
– Safranfäden
– Senf, mittelscharfer
– Sojasauce
– Senfkörner
– Thymian,
  getrockneter
– TK-Kräutermischung

**Sonstiges:**
– Butter oder Margarine
– H-Milch
– Prosecco oder Weißwein

## TIPP: FRISCHE KRÄUTER VON DER FENSTERBANK

Wer gerne frische Kräuter isst, kann sie im Topf ans Fenster stellen und regelmäßig – am besten in den Untersetzer – gießen. Frische Kräuterbunde halten im Kühlschrank mit Wasser benetzt in einem verschließbaren Plastikbeutel oder eingeschlagen in feuchte Tücher ca. eine Woche. Frische Petersilie können Sie in ein Glas Wasser stellen wie einen Blumenstrauß, so bleibt er frisch.

# LEBENSMITTEL FÜR DIE TONNE?

In deutschen Haushalten wird viel weggeworfen. Eine Studie hat ergeben, dass jeder Deutsche rund 82 kg Lebensmittel im Wert von ca. 235 Euro pro Jahr in den Müll wirft. Vor allem Obst und Gemüse, aber auch Backwaren landen statt in den Mägen im Müll. Dabei könnte etwa die Hälfte des Lebensmittelabfalls vermieden werden. Bedenken Sie: Wer weniger wegwirft, muss seltener einkaufen gehen und gibt nicht unnötig Geld aus.

## SO VERMEIDEN SIE UNNÖTIGE ABFÄLLE

### 1. Mindesthaltbarkeitsdatum richtig verstehen:
Viele Verbraucher meinen, dass die Lebensmittel nach Ablauf des Mindesthaltbarkeitsdatums nicht mehr genießbar sind. Dabei ist es lediglich ein Hinweis darauf, dass bis zu diesem Datum das Lebensmittel qualitativ einwandfrei ist. Kein Lebensmittel verdirbt schlagartig. Ob Angebrochenes noch gut ist, kann man leicht an Geruch, Konsistenz und Aussehen feststellen. Gereifte Produkte wie Joghurt, Quark, Käse, Sauerrahm oder Kefir sind ungeöffnet meist noch Tage nach dem Mindesthaltbarkeitsdatum genießbar, oft auch länger – gerade, wenn sie in einem Null-Grad-Fach gelagert werden. Bei leicht verderblicher Ware wie frischem Fleisch oder Fisch sollten Sie das Verbrauchsdatum jedoch sehr ernst nehmen.

### 2. Negativ-Hitliste erstellen:
Machen Sie doch mal eine Liste von Lebensmitteln, die bei Ihnen regelmäßig im Müll landen. Entweder Sie streichen diese Produkte von Ihrem Einkaufszettel oder aber Sie suchen sich spezielle Rezepte genau für diese Lebensmittel aus, die Sie gerne zubereiten und essen möchten.

### 3. Mengen richtig einschätzen:
Oft meint man es beim Kochen zu gut und kocht zu viel. Damit nichts übrig bleibt, sollte man die Mengen von Vornherein beschränken.

**Pro Person rechnet man:**
– 100 g Nudeln, roh
– 200–250 g Kartoffeln, gekocht
– 80 g Reis, roh
– 250 g Gemüse als Beilage
– 300 g Gemüse als Hauptgericht, ungeputzt
– 220 g Fisch, ohne Kopf
– 125–150 g Fleisch, ohne Knochen

**Für Kinder bis zehn Jahre** rechnet man etwa die Hälfte, bei guten Essern auch die Erwachsenenportion.

# 1

zur Online-
Einkaufsliste

In dieser Winterwoche gibt es vitaminreiche Rezepte mit viel Gemüse oder Obst, mit Fleisch, Fisch und Käse: würzig abgeschmeckt, wie die heiße Kokosbrühe, etwas Schnelles aus der Pfanne, Knuspriges aus dem Backofen und einen bunten Salat mit Vitaminkick, der Farbe in die graue Jahreszeit bringt.

## SPEISEPLAN:

**SAMSTAG**
SESAM-ZIEGENKÄSE MIT
BOHNEN UND AJVAR

**SONNTAG**
PUTENGESCHNETZELTES MIT
PILZEN UND KAKIFRUCHT

**MONTAG**
CHILIFRITTATA MIT FELDSALAT

**DIENSTAG**
KARTOFFELCURRY
MIT MÖHREN UND MARONI

**MITTWOCH**
GUACAMOLE-SCHAFSKÄSE
AUF BACKKARTOFFELN

**DONNERSTAG**
ORANGEN-INGWER-SALAT
MIT CROÛTONS

**FREITAG**
BROKKOLI-FISCH IN KOKOSBRÜHE
MIT PILZEN

---

### EINKAUFSLISTE:

- Zwiebeln, 4
- TK-Prinzessbohnen, 450–500 g
- Feldsalat, 1 Schale (ca. 150 g)
- Esskastanien (TK, vorgegart oder frisch), 150 g
- Möhren mit Grün, 250 g
- Austernpilze, 200 g
- Kaki oder Sharon, 1 kleine
- Spitzpaprika-schoten, 250 g
- Tomaten, 600 g
- Knoblauch, 1 Zehe
- Chilischote, 1 kleine frische
- Lauch, 1 Stange
- Kartoffeln (fest-kochend), 2 kg
- Avocados, 2
- Zitrone, 1
- Eisbergsalat, 1 großer
- Orangen, 2
- Brokkoli (frisch oder TK), 250 g
- Champignons, 250 g
- Ingwerknolle, 2 cm
- Fenchel, 1 Knolle
- Petersilie, ½ Bund
- Koriander, 1 kleines Bund
- gemischte TK-Kräuter, 1 Päckchen
- Putenschnitzel, 400 g
- Fischfilet (TK, Kabeljau oder Rotbarsch), 250 g
- Eier, 6
- Ziegenfrischkäsetaler, 200 g (8 × 25 g)
- geriebener Käse (z. B. Gouda), 50 g
- Schafskäse, 200 g
- saure Sahne, 100 g
- Kochsahne (15 % Fett), 150 ml
- Naturjoghurt, 150 g
- Ajvar, 1 kleines Glas
- Kokosnussmilch, 1 Dose (500 ml)
- rote Currypaste, 1 kleiner Becher (110 g)
- weiße Sesamsamen, 1 kleine Packung (50-g-Packung, gibt's im Asialaden)
- Baguette, 2 (je 250 g)
- Langkornreis, 500 g

---

### AUS DEM VORRAT:

- Olivenöl
- Pflanzenöl
- Weißweinessig
- Weißwein
- helle Sojasauce
- Instant-Gemüsebrühe
- Honig
- Zucker
- Salz
- Meersalz
- Pfeffer
- getrockneter Oregano
- gemahlene Kurkuma
- Kreuzkümmel (Kumin)
- Chilipulver
- Currypulver
- getrockneter Kerbel
- rosenscharfes und edel-süßes Paprikapulver

# Sa

# SESAM-ZIEGENKÄSE
## MIT BOHNEN UND AJVAR

- 1 kleine Zwiebel, *gewürfelt*
- 2 EL Olivenöl
- 500 g TK-Prinzessbohnen
- 150 ml Gemüsebrühe
- 1 TL getrockneter Oregano
- 150 g Tomaten, *klein gewürfelt*
- 8 Ziegenfrischkäsetaler (à 25 g)
- 1 TL weiße Sesamsamen
- 100 g saure Sahne
- 50 g Ajvar (Paprikapaste)
- 1 TL gemischte TK-Kräuter
- außerdem: Salz, schwarzer Pfeffer, 1 Baguette als Beilage, *in Scheiben*

⏱ 25 Minuten ⏱ 10 g E / 26 g F / 35 g KH = 399 kcal p. P. (o. Beilage)

1. Backofen auf 180 °C (Umluft 160 °C) mit Grillstufe vorheizen.

2. Zwiebelwürfel in einem Topf in Olivenöl andünsten. Tiefgekühlte Prinzessbohnen einstreuen und mit der Gemüsebrühe aufgießen. Kurz aufkochen und einige Minuten ziehen lassen. Mit Salz, Pfeffer und Oregano würzen.

3. Tomatenwürfel unter das Bohnengemüse mischen, ziehen lassen, bis die Prinzessbohnen vollständig erwärmt sind.

4. Ziegenkäsetaler auf ein mit Backpapier ausgelegtes Backblech legen und mit Sesam bestreuen. Im vorgeheizten Backofen mit Grillstufe in 2 bis 3 Minuten überbacken.

5. Saure Sahne mit Ajvar verrühren und vor dem Servieren löffelweise auf dem Bohnengemüse verteilen. Die gebackenen Frischkäse darauf anrichten und mit Kräutern bestreuen. Baguette dazu servieren.

**TIPP:** Sie können auch frische Prinzessbohnen verwenden – diese 7 bis 8 Minuten in kochendem Salzwasser garen lassen, abgießen, mit kaltem Wasser abschrecken (damit die grüne Farbe erhalten bleibt) und abtropfen lassen. Dann wie im Rezept beschrieben weitermachen.

# PUTENGESCHNETZELTES
## MIT PILZEN
### UND KAKIFRUCHT

⏱ 30 Minuten · 📊 28 g E / 21 g F / 10 g KH = 352 kcal p. P. (o. Beilage)

- 400 g Putenschnitzel,
  *in 1 cm breite Streifen
  geschnitten*
- 3 EL Pflanzenöl
- 1 kleine Zwiebel,
  *klein gewürfelt*
- 200 g Austernpilze,
  *in 2 cm breite Stücke
  geschnitten*
- 50 ml Gemüsebrühe
  oder Weißwein
- 150 ml Kochsahne
- 1 kleine Kaki oder Sharon,
  *klein gewürfelt*
- **außerdem:**
  Salz, schwarzer Pfeffer,
  400 g Reis als Beilage

1. Reis in einem Sieb waschen und abtropfen lassen. Mit der doppelten Menge Wasser und etwas Salz in einem Topf zugedeckt erhitzen. Sobald das Wasser kocht, noch ein paar Minuten bei kleiner Hitze köcheln, dann ohne Hitze oder nur mit Restwärme quellen lassen. Nach rund 20 Minuten ist der Reis fertig. Wichtig: Während der gesamten Zeit auf dem Herd nicht den Deckel öffnen, auch Umrühren ist nicht nötig.

2. Während der Reis kocht, Fleischstreifen von allen Seiten 2 Minuten in 2 EL erhitztem Öl scharf gar braten. Auf einem Teller mit Salz und Pfeffer würzen.

3. Restliches Pflanzenöl in die Pfanne gießen, Zwiebelwürfel andünsten, Austernpilze hinzufügen und so lange braten, bis der Pilzsaft aufgesogen ist. Die Pilze mit Gemüsebrühe ablöschen, Kochsahne einrühren.

4. Die Fleischstreifen mit dem entstandenen Bratensaft sowie den Kakiwürfeln vermischen. Nochmals abschmecken, alles kurz ziehen lassen und dann servieren.

TIPP: 1 EL Aprikosenmarmelade ins Putengeschnetzelte gemischt unterstützt den Fruchtgeschmack der Kaki. Wer mag, serviert das Gericht mit einer Mischung aus 50 g gebräunten Mandelblättchen und 1 EL frisch gehackter Petersilie.

**RESTETIPP:** Die Paprikapaste Ajvar schmeckt auch solo gut, z. B. als Brotaufstrich. Mit Joghurt oder saurer Sahne vermischt wird sie milder.

Sa

So

**TIPP FÜR NICHT-VEGETARIER:** Gewürfelte Schinken- oder andere Fleischreste im Curry mitgaren.

**WAS TUN MIT GEMÜSERESTEN?** In die Frittata passt fast alles, was das Gemüsefach hergibt.

**VITAMINBOMBE:** Kakis sind sehr vitaminreich. Ideal sind sie, wenn sie so fest sind wie Tomaten dann innerhalb von 2 Tagen essen.

**Di**

# CHILI FRITTATA
## MIT FELDSALAT

### Zutaten

- 250 g Kartoffeln, *ohne Schale, in 1-cm-Würfeln*
- 2 kleine Zwiebeln, *in dünnen Ringen*
- 2 EL Pflanzenöl
- 250 g grüne Spitzpaprika-schoten, *in feinen Streifen*
- 250 g Tomaten, *klein gewürfelt*
- 6 Eier
- je 1 TL Kurkuma und gemahlener Kreuzkümmel
- 1 Msp. Chilipulver
- ½ Bund Petersilie, *klein gehackt*
- 50 g frisch geriebener Käse (z. B. Gouda)
- 100 g Feldsalat, *gewaschen*
- 2 EL Olivenöl
- 1 EL Weißweinessig
- außerdem: Salz, schwarzer Pfeffer

30 Minuten 19g E / 28 g F / 20 g KH = 421 kcal p. P.

1. Zwiebeln und Kartoffelstücke in erhitztem Öl anbraten. Paprika-streifen hinzufügen und 4 bis 5 Minuten braten, dann die Tomatenwürfel untermischen und alles bei kleiner Hitze 6 bis 7 Minuten dünsten, bis die Flüssigkeit fast verdampft ist.

2. Eier mit 100 ml Wasser, Salz, Pfeffer, Kurkuma, Kreuzkümmel und Chilipulver mit einer Gabel verquirlen.

3. 1 EL Petersilie unter das Gemüse mischen, die Eier darübergießen und mit dem Käse bestreuen. Die Pfanne mit einem Deckel verschließen und die Frittata bei kleiner Hitze in 6 bis 8 Minuten stocken lassen.

4. Feldsalat mit Olivenöl und Weißweinessig anmachen, mit Salz und Pfeffer würzen. Frittata mit der restlichen Petersilie bestreuen, mit dem Salat anrichten.

# KARTOFFELCURRY
## MIT MÖHREN
## UND MARONI

⏱ 30 Minuten   ▱ 8 g E / 20 g F / 50 g KH = 418 kcal p. P.

- 1 Knoblauchzehe, *klein gewürfelt*
- 1 kleine Chilischote, *klein gewürfelt*
- 2 EL Pflanzenöl
- 1 Stange Lauch, *in dünnen Ringen*

- 500 g Kartoffeln, *ohne Schale, in ½ cm großen Stücken*
- 250 g Möhren, *ohne Schale, in Scheiben* + Möhrengrün, *gehackt*
- 1 Prise Zucker
- 1 EL Currypulver

- ½ TL getrockneter Kerbel
- 250 ml Gemüsebrühe
- 250 ml Kokosnussmilch
- 150 g Maroni (Esskastanien), *grob zerkleinert*
- außerdem: Salz, schwarzer Pfeffer

1. Knoblauch- und Chiliwürfel 1 Minute in heißem Öl in einem Topf oder Wok andünsten. Lauch, Kartoffeln und Möhren hinzufügen, kurz anbraten lassen und dabei mit Salz, Pfeffer, Zucker, Currypulver sowie mit Kerbel würzen.

2. Das Gemüse mit Gemüsebrühe und Kokosmilch begießen. Einmal aufkochen, die Maroni einstreuen, alles bei milder Hitze etwa 15 Minuten leise kochen lassen. Zuletzt das Möhrengrün unterziehen.

**TIPP FÜR FRISCHE MARONI:** Frische Esskastanien kreuzweise einschneiden und im vorgeheizten Backofen bei 200 °C etwa 20 Minuten garen. Die Schalen platzen dabei etwas auf, so können die Maroni besser geschält werden.

# GUACAMOLE-SCHAFSKÄSE
## AUF BACKKARTOFFELN

**35 Minuten** · 13 g E / 23 g F / 32 g KH = 396 kcal p. P.

- 750 g Kartoffeln, *mit Schale, in 1 cm dicken Scheiben*
- 1 EL Olivenöl
- Fleisch von 2 reifen Avocados (z. B. Sorte Hass)
- Saft von ½ Zitrone
- 200 g Schafskäse
- 2 EL Ajvar (Paprikapaste)
- 1 TL gemischte TK-Kräuter
- 200 g Tomaten, *klein gewürfelt*
- außerdem: Meersalz, grob geschroteter schwarzer Pfeffer

1. Backofen auf 200 °C (Umluft 180 °C) vorheizen. Ein Blech mit Backpapier auslegen. Kartoffeln mit den Schnittflächen darauflegen. Mit Olivenöl bestreichen und mit Meersalz sowie mit Pfeffer würzen. Im Backofen in knapp 25 Minuten garen.

2. Avocadofruchtfleisch mit Zitronensaft sowie mit Schafskäse und Ajvar mit dem Pürierstab zerkleinern. Kräuter unterziehen und mit Meersalz und Pfeffer würzen.

3. Die gebackenen Kartoffelscheiben mit dem Guacamole-Schafskäse anrichten. Mit Tomatenwürfeln garnieren.

**RESTETIPP:** In diesem Rezept können Sie auch angebrochene Becher saurer Sahne aufbrauchen (von Seite 14) – anstatt mit Schafskäse die Avocadocreme mit 100 g saurer Sahne zubereiten.

# ORANGEN-INGWER-SALAT
## MIT CROÛTONS

**Do**

⏲ 30 Minuten 🍽 8 g E / 17 g F / 51 g KH = 404 kcal p. P.

- 1 kleines Baguette (250 g, altbacken), *in mundgerechten Stücken*
- 4 EL Olivenöl
- 150 g Naturjoghurt
- 1 EL Honig
- Saft von ½ Zitrone
- etwa 2 cm Ingwerwurzel, *klein gewürfelt*
- 1 großer Kopf Eisbergsalat, *in Streifen*
- 2 Orangen, *ohne Schale, geviertelt und in Scheiben*
- 1 Fenchelknolle, *in dünnen Streifen*
  + Fenchelgrün, *gehackt*
- außerdem: Salz, schwarzer Pfeffer

1. Weißbrot in heißem Olivenöl in einer Pfanne von allen Seiten rösten, abkühlen lassen.
2. Joghurt mit Honig, Zitronensaft, Salz, Pfeffer und Ingwer verrühren. Eisbergsalatstreifen, Orangenscheiben und Fenchelstreifen in eine Schüssel geben, mit dem Dressing locker vermischen, Croutons dazugeben. Vor dem Servieren mit Fenchelgrün bestreuen.

TIPP: Käse oder Schinken im Kühlschrank? Passt beides hervorragend in den Salat!

# BROKKOLI-FISCH IN KOKOSBRÜHE MIT PILZEN

- 250 g aufgetautes Fischfilet (TK-Kabeljau oder -Seelachs), *gewaschen, in ½ cm breiten Streifen*
- 1 TL helle Sojasauce
- 1 EL rote Currypaste
- 2 EL Pflanzenöl
- 750 ml Gemüsebrühe
- 250 ml Kokosnussmilch
- 250 g Brokkoli, *in Röschen geteilt*
- 1 kleine Zwiebel, *in Streifen*
- 250 g Champignons, *halbiert oder geviertelt*
- je ½ TL rosenscharfes und süßes Paprikapulver oder Pimentón de la Vera
- 1 kleines Bund Koriander, *gehackt*
- außerdem: schwarzer Pfeffer

⧗ 30 Minuten  ⊞ 17 g E / 13 g F / 10 g KH = 219 kcal p. P.

1. Fischfilet mit Sojasauce beträufeln und mit Pfeffer würzen.

2. Currypaste unter Rühren in heißem Öl in einem Topf 1 Minute braten. Mit Gemüsebrühe und Kokosmilch aufgießen und aufkochen lassen.

3. Hitze verringern und Brokkoli, Zwiebeln und Champignons zugeben. Bei milder Hitze 5 bis 8 Minuten ziehen lassen. Dann die Fischstreifen einlegen und in 3 bis 4 Minuten garen. Mit Paprikapulver und gegebenenfalls Pfeffer würzen, mit Koriander bestreuen.

# 2

zur Online-
Einkaufsliste

Schwarzwurzeln und Lauch sind Klassiker der heimischen Winterküche und gerade günstig zu haben. Am Sonntag gibt's Hühnersuppe, die hilft erwiesenermaßen gegen Erkältung. Das Fleisch wird am Dienstag in Tortillas gerollt – für ein bisschen mexikanisches Sommerflair in der kalten Jahreszeit.

## SPEISEPLAN:

**SAMSTAG**
SCHWARZWURZELN MIT LAUCH
UND PESTO-RINDERHACK

**SONNTAG**
HÜHNERSUPPE MIT GEMÜSE

**MONTAG**
ROSENKOHLAUFLAUF MIT
RICOTTA-SCHINKEN UND ORANGE

**DIENSTAG**
TORTILLAS MIT
HÜHNCHENFLEISCH UND SALAT

**MITTWOCH**
BANDNUDELN MIT MÖHREN
UND LACHS

**DONNERSTAG**
GNOCCHI MIT TOMATEN
UND SALBEI

**FREITAG**
SPAGHETTI MIT ZITRONEN-
BASILIKUM-PESTO

## EINKAUFSLISTE:

- Schwarzwurzeln (frisch oder im Glas), 500 g
- Zwiebeln, 4 kleine
- Knoblauch, 5 Zehen
- Lauch, 1 Stange
- Suppengemüse, 1 Bund
- Möhren, 250 g
- Rosenkohl, 800 g
- Tomaten (frisch oder aus der Dose), 500 g
- Paprikaschoten, 2
- Chilischote, 1 kleine
- Frühlingszwiebeln, 4
- Eisbergsalat, 1 kleiner
- Orange (Bio), 1
- Zitronen, 2 (1 Bio)
- Petersilie, 1 Bund
- Salbei, 1 Bund
- Basilikum, 1 Bund
- Kerbel, 1 kleines Bund
- Gemüsemais, 1 Dose (285 g)
- Erbsen (TK), 200 g
- Rinderhackfleisch, 250 g
- Suppenhuhn (frisch oder TK), ca. 1,5 kg
- gekochter Schinken, 200 g
- Lachsfilet (TK), 200 g
- Eier, 4 (Gr. S)
- Pesto, 1 kleines Glas (125 g)
- Tortilla Wraps, 1 Packung (6 Stück, 370 g)
- Bandnudeln, 1 Packung (500 g)
- Spaghetti, 1 Packung (500 g)
- Gnocchi (Kühltheke), 1 Packung (800 g)
- geriebener Parmesan, 150 g
- Ricotta, 200 g
- Schlagsahne, 2 Becher (400 g)
- saure Sahne, 1 Becher (200 g)
- Naturjoghurt, 1 Becher (150 g)
- Aufbackbaguettes, 1 Packung

## AUS DEM VORRAT:

- Olivenöl
- Pflanzenöl
- weißer Essig (Essigessenz)
- Butter
- mittelscharfer Senf
- Instant-Gemüsebrühe
- Salz
- Pfefferkörner
- Lorbeerblätter
- rosenscharfes und edelsüßes Paprikapulver
- Chilipulver
- Tomatenketchup

# SCHWARZWURZELN MIT LAUCH UND PESTO-RINDERHACK

⏱ 40 Minuten   🍽 20 g E / 35 g F / 10 g KH = 448 kcal p. P.

- 500 g Schwarzwurzeln
- 3 EL weißer Essig
- 1 Stange Lauch, *in Streifen*
- 2 EL Pflanzenöl
- 200 g Schlagsahne
- 250 g Rinderhackfleisch
- 1 kleine Zwiebel, *klein gewürfelt*
- 1 Knoblauchzehe, *klein gewürfelt*
- 1 Ei (Gr. S)
- je 1 Msp. rosenscharfes und edelsüßes Paprikapulver
- 1 EL grünes Pesto *(der Rest wird am Freitag, Seite 38, verbraucht)*
- außerdem: Salz, schwarzer Pfeffer

1. Die Schwarzwurzeln unter fließendem kalten Wasser waschen, schälen und in kleine Stücke schneiden. Sofort in kaltes Wasser mit 1 EL Essig legen, damit sie sich nicht verfärben. Schwarzwurzelstücke in kochendem Wasser mit 2 EL Essig und Salz 25 Minuten garen.

2. Lauchstreifen in heißem Öl einige Minuten andünsten. Die gegarten Schwarzwurzeln in ein Sieb abgießen, 500 ml der Brühe auffangen.

3. Lauch mit Schwarzwurzelbrühe ablöschen und bei kleiner Hitze garen lassen, die Sahne zugießen.

4. Hackfleisch mit Zwiebel- und Knoblauchwürfeln sowie dem Ei verkneten. Mit Salz, Pfeffer und den beiden Paprikasorten würzen.

5. Etwa 8 kleine Fleischteigportionen flach drücken, mittig etwas Pesto daraufgeben, mit dem Fleischteig umhüllen und zu Bällchen formen.

6. Die Fleischbällchen in den Lauchtopf legen und diese in etwa 8 Minuten gar ziehen lassen. Die Schwarzwurzelstücke zugeben und alles nochmals abschmecken.

**TIPP:** Schwarzwurzeln heißen auch »Winterspargel« wegen des weißen Fleisches, das zum Vorschein kommt, wenn man die schwarze, borkige Schale entfernt. Schwarzwurzeln gibt's auch im Glas, das spart Arbeit und schmutzige Finger.

# HÜHNERSUPPE MIT GEMÜSE

**So**

⏲ 2 ½ Stunden 🔲 28 g E / 17 g F / 9 g KH = 303 kcal p. P.

- 1 Suppenhuhn (ca. 1,5 kg), *gewaschen*
- 1 Zwiebel, *mit Schale halbiert*
- 1 Bund Suppengemüse (Lauch, Sellerie, Möhre, Petersilienwurzel), *geschält (Schalen aufbewahren) und in Stücken*
- ½ TL Pfefferkörner
- 2 Lorbeerblätter
- 200 g TK-Erbsen
- ½ Bund Petersilie, *Blätter gehackt* + Stiele
- außerdem: Salz, Pfeffer

1. Suppenhuhn in einen großen Topf legen.

2. Zwiebel mit den Schnittflächen nach unten in eine heiße Pfanne ohne Fett geben und einige Minuten rösten.

3. Die gerösteten Zwiebelhälften mit der Schale zum Suppenhuhn geben, alles mit kaltem Wasser begießen – das Suppenhuhn muss vollständig bedeckt sein – und aufkochen lassen.

4. Die Hälfte der Suppengemüsestücke mit den Gemüseschalen in den Kochtopf geben. 1 EL Salz, Pfefferkörner und Lorbeerblätter einrühren. Die restlichen Gemüsestücke für die Einlage in dünne Streifen schneiden. Die Petersilienstiele in die Suppe streuen.

5. Nach dem Aufkochen das Suppenhuhn bei milder Hitze knappe 2 Stunden leise kochen lassen. Herausnehmen, nach kurzem Abkühlen Häute und Knochen entfernen und nur das magere Fleisch verwenden. Etwa zwei Drittel davon in Alufolie packen und für das Dienstagsgericht (siehe Seite 34) in den Kühlschrank legen.

6. Die Brühe durch ein Haarsieb passieren, wieder in den Kochtopf geben und je nach Geschmack mit Salz und Pfeffer würzen. Die Erbsen sowie die restlichen Gemüsestücke einstreuen und erwärmen. Hühnerfleisch in mundgerechte Stücke schneiden und zuletzt in der Brühe ziehen lassen. Zum Servieren mit Petersilie bestreuen.

# ROSENKOHL AUFLAUF
## MIT RICOTTA-SCHINKEN
### UND ORANGE

- 800 g Rosenkohl, *halbiert oder geviertelt*
- 1 EL Butter
- 1 kleine Zwiebel, *klein gewürfelt*
- 1 kleine Chilischote (grün oder rot), *fein gehackt*
- 200 g gekochte Schinkenscheiben, *klein gewürfelt*
- 1 Bio-Orange, *etwas Abrieb, Fruchtfleisch in Stücken*
- 1 kleines Bund Kerbel, *klein gehackt*
- 200 g Ricotta (ersatzweise Hüttenkäse)
- 3 Eier
- 1 TL mittelscharfer Senf
- außerdem: Salz, schwarzer Pfeffer, Aufbackbaguette als Beilage

⏲ 45 Minuten ⬛ 28 g E / 27 g F / 20 g KH = 442 kcal p. P. (o. Beilage)

1. Backofen auf 180 °C (Umluft 160 °C) vorheizen.

2. Strunkansätze des Rosenkohls mit einem kleinen Messer einritzen, damit diese zeitgleich mit den Blättchen gar werden; in kochendes Salzwasser geben, 1 bis 2 Minuten bissfest garen, abgießen, mit kaltem Wasser abschrecken und abtropfen lassen.

3. Eine Auflaufform mit der Butter ausstreichen. Zwiebel-, Chili und Schinkenwürfel sowie etwas Orangenschale in die Auflaufform streuen. Rosenkohl und die Hälfte des Kerbels darüber verteilen und mit Salz und Pfeffer würzen.

4. Ricotta mit den Eiern und Senf verrühren. Restlichen Kerbel sowie die Orangenstückchen unterziehen. Alles gleichmäßig auf dem Rosenkohl verteilen. In den Backofen schieben und in etwa 30 Minuten überbacken. Je nach gewünschtem Bräunungsgrad und Packungsangabe das Aufbackbaguette 10 bis 15 Minuten mit in den Backofen legen.

**So**

**OMAS HAUSMITTEL** wirkt tatsächlich: Studien belegen, dass bestimmte Eiweiße in der Hühnersuppe gegen viele Symptome von Erkältung helfen.

**Mo**

**BESONDERS WINTERHART:** Rosenkohl wird ab November geerntet und hat bis Ende Februar Hochsaison. Er lässt sich prima einfrieren!

Di

2

**SCHNELLES GERICHT** für hektische Tage: Die Bandnudeln mit Möhren und Lachs sind schon in 25 Minuten fertig!

**HUHN IN DOPPELROLLE:** Das gekochte Hühnerfleisch vom Sonntag schmeckt in Tortillas mit Salat.

Mi

# TORTILLAS MIT HÜHNCHENFLEISCH UND SALAT

**⏱ 20 Minuten**    **🍽 38 g E / 34 g F / 85 g KH = 838 kcal p. P.**

- Hühnchenfleisch, *gekocht* (von der Hühnersuppe, Seite 30), *in mundgerechten Stücken*
- 1 kleine Zwiebel, *klein gewürfelt*
- 1 kleine Dose Gemüsemais (285 g), *abgetropft*

- 1 kleiner Eisbergsalat, *in Streifen*
- ½ Bund Petersilie, *klein gehackt*
- 2 Paprikaschoten, *in 1 cm großen Würfeln*
- 200 g saure Sahne
- 150 g Naturjoghurt

- Saft von ½ Zitrone *(die andere Hälfte für den nächsten Tag im Kühlschrank aufbewahren)*
- 2 EL Tomatenketchup
- 1 Packung Tortilla Wraps (6 Stück, 370 g)
- außerdem: Salz, schwarzer Pfeffer, Chilipulver

1. Den Backofen auf 160 °C (Umluft 140 °C) vorheizen.

2. Hühnchenfleischstücke, Zwiebelwürfel, Mais, Eisbergsalatstreifen, Petersilie und Paprikawürfel in einer Schüssel vermengen.

3. Saure Sahne mit Joghurt, Zitronensaft und Tomatenketchup verrühren. Mit Salz, Pfeffer und Chilipulver würzen und mit den Salatzutaten locker vermengen.

4. Tortillas im vorgeheizten Backofen 2 bis 3 Minuten erwärmen. Herausnehmen, auf jeden Wrap Salat mittig verteilen und aufrollen.

# BAND NUDELN
## MIT MÖHREN
## UND LACHS

⏱ 25 Minuten ☐ 18 g E / 26 g F / 944 g KH = 702 kcal p. P.

- 500 g Bandnudeln
- 200 g aufgetautes TK-Lachsfilet, *in mundgerechten Stücken*
- Saft von ½ Zitrone (die andere Hälfte vom Vortag aus dem Kühlschrank)
- 2 Frühlingszwiebeln, *in Streifen*
- 250 g Möhren, *in Streifen* + Möhrengrün, *gehackt*
- 2 EL Olivenöl
- 150 ml Gemüsebrühe
- 200 g Schlagsahne
- außerdem: Salz, schwarzer Pfeffer

1. Die Bandnudeln in kochendes Salzwasser geben und bissfest garen.

2. Lachs mit Zitronensaft beträufeln und mit Salz und Pfeffer würzen.

3. Frühlingszwiebeln und Möhren in einem breiten Topf in erhitztem Öl andünsten. Mit Gemüsebrühe und Schlagsahne aufgießen und kurz aufkochen lassen. Mit Salz und Pfeffer würzen und zuletzt den Lachs unterziehen.

4. Mit einem Schaumlöffel die bissfest gegarten Bandnudeln direkt aus dem Kochwasser unter das Lachsgemüse ziehen. Nochmals abschmecken und mit Möhrengrün bestreuen.

# **Do** GNOCCHI MIT TOMATEN UND SALBEI

🕐 30 Minuten   📊 14 g E / 15 g F / 73 g KH = 490 kcal p. P.

- 2 Frühlingszwiebeln, *klein gewürfelt*
- 2 Knoblauchzehen, *klein gewürfelt*
- 2 EL Olivenöl
- 500 g Tomaten (frisch oder gestückelt aus der Dose), *fein gewürfelt*
- 1 EL Butter
- 800 g fertige Gnocchi
- 1 kleines Bund Salbei, *in Streifen*
- 50 g geriebener Käse (z. B. Parmesan)
- außerdem: Salz, Pfeffer

1. Frühlingszwiebeln und Knoblauch in erhitztem Öl andünsten. Tomaten hinzufügen und alles bei starker Hitze unter Rühren einige Minuten dünsten.

2. Die Hitze verringern und die Tomaten nur noch ziehen lassen. Zuletzt mit einem Pürierstab nach Belieben zerkleinern und mit Salz und Pfeffer würzen.

3. Butter in einer größeren Pfanne erhitzen und darin die Gnocchi von allen Seiten knusprig braten. Mit Salz und Pfeffer würzen, den Salbei einstreuen und alles locker miteinander vermengen.

4. Die Salbei-Gnocchi mit Käse bestreuen und die Pfanne vom Herd ziehen. Die Gnocchi auf Teller verteilen und löffelweise mit dem Tomatengemüse überziehen.

# SPAGHETTI MIT
## ZITRONEN-BASILIKUM-
## PESTO

- 500 g Spaghetti
- 100 ml Gemüsebrühe
- 2 Knoblauchzehen, *klein gewürfelt*
- Saft und etwas Abrieb von 1 Bio-Zitrone
- 1 Bund Basilikum, *in Streifen*
- ½ Glas Pesto *(restliches Pesto von Samstag, Seite 29, verwenden)*
- 100 g geriebener Parmesan
- außerdem: Salz, schwarzer Pfeffer

⏲ 30 Minuten 🍴 22 g E / 16 g F / 75 g KH = 608 kcal p. P.

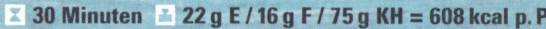

1. Spaghetti in kochendem Salzwasser bissfest garen. Gemüsebrühe leicht erwärmen und mit Knoblauch, Zitronensaft, Basilikum und fertigem Pesto vermischen.

2. Mit einem Schaumlöffel die gegarten Spaghetti aus dem Kochwasser heben und direkt in die Schüssel mit dem Zitronen-Basilikum-Pesto geben. Gründlich und locker vermischen, eventuell noch mit etwas Salz und vor allem mit Pfeffer würzen.

3. Zuletzt den Zitronenabrieb sowie den Parmesan unterheben und sofort servieren.

# 3

zur Online-Einkaufsliste

Der Winter ist bald vorbei – die letzte Gelegenheit, alte Winter-gemüsesorten auszuprobieren: zum Beispiel Topinamburknolle als Püree zu Schnitzeln. Der Couscous-Salat mit Granatapfelkernen stimmt schon auf die wärmeren Jahreszeiten ein.

## EINKAUFSLISTE:

- frische Feigen, 8
- Feldsalat, 2 Beutel (200 g)
- Radicchio, 500 g
- Blumenkohl, 1 Kopf
- Champignons, 8 große (500 g)
- Zwiebeln, 2 kleine
- Tomaten, 750 g
- Salatgurke, 1
- Lauch, 1 Stange
- Frühlingszwiebeln, 1
- Topinambur, 500 g
- Orange (Bio), 1
- Granatapfel, 1
- Apfel, 1
- Zitrone, 1
- Petersilie, 1 großes Bund
- Salbei, 1 kleines Bund oder im Topf
- Schweinelendchen, 400 g
- Hähnchenbrustfilets, 400 g
- geräuchertes Forellenfilet, 125 g
- luftgetrockneter Schinken, 150 g
- Ziegenfrischkäse, 150 g
- geriebener Käse (z. B. Gouda), 100 g
- Mozzarella, 220 g (ATG 125 g)
- Schlagsahne, 1 Becher (200 g)
- Tofu, 500 g
- Sauerkraut, 1 Packung (mind. 300 g)
- Nudeln (z. B. Bandnudeln), 1 Packung (500 g)
- Couscous, 250 g
- Eier, 4
- gemischte TK-Kräuter, 1 kleine Packung
- TK-Rahmspinat, 450 g
- Weißbrot (z. B. Toastbrot), 4 Scheiben
- Ciabattabrot, 250 g
- Holzstäbchen, 8

### AUS DEM VORRAT:

- Olivenöl
- Pflanzenöl
- Balsamessig
- Weißweinessig
- Weißwein
- Butter
- Mehl, 3 EL
- Zucker
- Honig
- Instant-Gemüsebrühe

- Salz, Meersalz
- Pfeffer
- gemahlener Zimt
- Korianderkörner
- zerstoßene Chili oder Cayennepfeffer
- rosenscharfes und edelsüßes Paprikapulver
- Alufolie

## SPEISEPLAN:

### SAMSTAG
**ZIEGENKÄSE-FEIGEN MIT FELDSALAT UND ZIMT-CROÛTONS**

### SONNTAG
**SCHNITZELCHEN »SALTIMBOCCA« AUF TOPINAMBUR-PÜREE**

### MONTAG
**GESCHMORTER ORANGEN-RADICCHIO MIT CHILI-HÄHNCHEN**

### DIENSTAG
**COUSCOUS-SALAT MIT GRANATAPFEL UND GERÄUCHERTEM FORELLENFILET**

### MITTWOCH
**PASTA MIT BLUMENKOHL-PETERSILIEN-SAUCE**

### DONNERSTAG
**MOZZARELLA-CHAMPIGNONS MIT SPINAT**

### FREITAG
**TOFU-SAUERKRAUT-BRATLINGE MIT TOMATENSALAT**

# ZIEGEN**KÄSE**-FEIGEN
## MIT **FELDSALAT**
### UND **ZIMT**-CROÛTONS

⊠ 30 Minuten ▣ 10 g E / 26 g F / 35 g KH = 425 kcal p. P.

- 1 EL Butter
- 4 Scheiben Weißbrot (z. B. Toastbrot), *in ca. ½ cm großen Würfeln*
- 8 Feigen, *kreuzweise eingeschnitten*
- 150 g Ziegenfrischkäse
- 1 TL Honig
- 1 Apfel, *klein gewürfelt*
- Saft von ½ Zitrone (die andere Hälfte abgedeckt im Kühlschrank aufbewahren)
- 4 EL Olivenöl
- 1 EL Weißweinessig
- 200 g Feldsalat
- außerdem: Salz, schwarzer Pfeffer, gemahlener Zimt

1. Backofen auf 180 °C (Umluft 160 °C) mit Grillstufe vorheizen. Butter in einer beschichteten Pfanne erhitzen und darin die Brotwürfel von allen Seiten knusprig bräunen. Mit Pfeffer und wenig Zimt würzen.

2. Die Feigen auf ein mit Alufolie ausgelegtes Backblech setzen, dabei jede Feige öffnen.

3. Ziegenfrischkäse mit Honig verrühren und in die Feigenöffnungen füllen. Im Backofen in etwa 10 Minuten überbacken.

4. Apfelwürfel mit dem Zitronensaft, dem Olivenöl sowie dem Weißweinessig verrühren und mit dem Feldsalat locker vermengen. Mit Salz und Pfeffer würzen.

5. Je eine gebackene Feige in die Mitte eines Tellers setzen. Den Feldsalat rundherum anrichten und mit Zimt-Croûtons bestreuen.

# SCHNITZELCHEN »SALTIMBOCCA« AUF TOPINAMBUR-PÜREE

- 500 g Topinambur, *ohne Schale, in kleineren Stücken*
- 400 g Schweinelendchen, *in 8 Stücken*
- 1 kleines Bund oder 1 Topf Salbei, *8 Blätter abzupfen (siehe Restetipp)*
- 100 g dünne Scheiben luftgetrockneter Schinken, *in 8 Stücken*
- 1 EL Mehl
- 200 g Schlagsahne
- 1 EL Butter
- 2 EL Olivenöl
- 100 ml Gemüsebrühe oder trockener Weißwein
- außerdem: Salz, schwarzer Pfeffer, 8 Holzstäbchen

⏲ 40 Minuten  ▣ 32 g E / 36 g F / 29 g KH = 576 kcal p. P.

1. Topinamburstücke in kochendes Salzwasser geben. Bei mittlerer Hitze etwa 25 Minuten garen.

2. Schweinelendchenstücke auf beiden Seiten mit Salz und Pfeffer würzen. Je 1 Salbeiblatt und 1 Schinkenscheibe mit einem Holzstäbchen auf einem Lendchen fixieren, das Ganze auf jeder Seite mit etwas Mehl bestäuben.

3. Topinamburstücke abgießen und mit der Schlagsahne cremig pürieren. Nur leicht salzen, mit Pfeffer würzen und ½ EL Butter unterrühren. Bis zum Servieren mit Alufolie abdecken.

4. Saltimbocca in erhitztem Öl und restlicher Butter auf jeder Seite 1 bis 2 Minuten braten; herausnehmen.

5. Den Bratensatz mit Gemüsebrühe oder Weißwein ablöschen, kurz aufkochen lassen und die Saltimbocca wieder einlegen.

6. Das Püree durchrühren und mit je 2 Saltimbocca und Sauce anrichten.

RESTETIPP: Wenn Sie Salbei im Bund gekauft haben, schneiden Sie die restlichen Salbeiblättchen in Streifen und schwenken Sie sie in der Pfanne im Gemüse- oder Weißweinsud kurz mit. Im Topf kann der Salbei auf der Fensterbank bis zum nächsten Einsatz verweilen.

# Mo

# GESCHMORTER
# ORANGEN-RADICCHIO
## MIT CHILI-HÄHNCHEN

**⏱ 30 Minuten** · **🍽 22 g E / 13 g F / 8 g KH = 242 kcal p. P.**

- 3 EL Olivenöl
- 2 große Radicchio (zusammen bis zu 500 g), *längs halbiert*
- Abrieb von ½ und Saft von 1 Bio-Orange
- 400 g Hähnchenbrustfilets, *in schmalen Streifen*
- ½ TL Zucker
- 1 TL gemischte TK-Kräuter
- außerdem: Meersalz, schwarzer Pfeffer, zerstoßener Chili oder Cayennepfeffer, zerstoßene Korianderkörner, 4 Alufolienblätter in der Größe der Radicchiohälften

1. **Backofen auf 180 °C (Umluft 160 °C) vorheizen. Alufolienblätter mit etwas Olivenöl bepinseln und je 1 Radicchiohälfte darauflegen. Mit Meersalz, Pfeffer, Orangenabrieb und nach Belieben mit etwas zerstoßenem Koriander würzen. Alles leicht mit Olivenöl beträufeln und Alufolienblätter verschließen. Im Backofen etwa 20 Minuten schmoren lassen.**

2. **In der Zwischenzeit die Hähnchenbrustfiletstreifen mit zerstoßenem Chili oder Cayennepfeffer, Meersalz und Pfeffer würzen. Hähnchenstreifen im restlichen, erhitzten Öl von allen Seiten in 3 bis 4 Minuten kross braten, aus der Pfanne nehmen.**

3. **Unter ständigem Rühren den Zucker im Bratensatz auflösen und sofort mit Orangensaft aufgießen. Kurz aufkochen lassen, die Pfanne vom Herd ziehen, die Hähnchenstreifen und Kräuter einrühren. Nochmals abschmecken.**

4. **Je 1 geschmorte Radicchiohälfte auf einen Teller geben und das Chili-Hähnchen dazu anrichten.**

# COUSCOUS-SALAT
## MIT GRANATAPFEL
## UND GERÄUCHERTEM
## FORELLENFILET

- 250 g Couscous
- 1 TL weiche Butter
- 1 Salatgurke, *längs halbiert*
- 1 Granatapfel, *in 1–2 cm dicken Scheiben*
- Saft von ½ Zitrone
- 5 EL Olivenöl
- ⅓ Bund Petersilie, *klein gehackt*
- 250 g Tomaten, *entkernt, in Streifen*
- 1 Stange Lauch, *in Streifen*
- 125 g geräuchertes Forellenfilet, *schräg in schmalen Streifen*
- außerdem: Salz, schwarzer Pfeffer

⊠ 35 Minuten ⊠ 18 g E / 26 g F / 55 g KH = 519 kcal p. P.

1. Couscous in eine Schüssel rieseln und mit 250 ml kochendem Salzwasser begießen. Etwa 6 bis 7 Minuten ziehen lassen, dann die Butter locker unterrühren.

2. Die Kerne der Gurke mit einem Löffel herauskratzen und das Gurkenfruchtfleisch quer in Streifen schneiden.

3. Aus jeder Granatapfelscheibe die Kerne herausdrücken. Zitronensaft mit 5 EL Olivenöl verrühren und mit dem Couscous sowie den Gurkenstücken, den Tomaten- und den Lauchstreifen in einer Schüssel locker vermengen. Mit Salz und Pfeffer würzen.

4. Den Couscous-Salat mit den Forellenfiletstreifen anrichten.

**TIPP:** Damit der Granatapfelsaft keine unschönen roten Flecken auf der Arbeitsfläche hinterlässt, legen Sie beim Schneiden Alufolie unter.

# PASTA
## MIT BLUMENKOHL-
## PETERSILIEN-SAUCE

Mi

⏱ 35 Minuten  ▣ 27 g E / 17 g F / 95 g KH = 662 kcal p. P.

- 1 Kopf Blumenkohl (etwa 500 g), *in Röschen geteilt*
- 500 g Nudeln (z. B. Bandnudeln)
- 1 kleine Zwiebel, *klein gewürfelt*
- 1 EL Butter
- 50 g luftgetrockneter Schinken, *klein gewürfelt*
- ⅓ Bund Petersilie, *klein gehackt*
- 100 g geriebener Käse (z. B. Gouda)
- **außerdem:** Salz, Pfeffer

1. Blumenkohlröschen in kochendes Salzwasser geben und in etwa 10 Minuten weich kochen. Noch tropfnass mit einem Pürierstab, je nach gewünschter Konsistenz, grob oder fein zerkleinern.

2. Die Nudeln in kochendes Salzwasser geben und in etwa 10 bis 12 Minuten bissfest garen.

3. Zwiebelwürfel in erhitzter Butter glasig dünsten. Schinkenwürfel einstreuen und die Petersilie unterrühren.

4. Den Pfanneninhalt mit der Blumenkohlsauce in einer größeren Schüssel verrühren und die gegarten Nudeln mit einem Schaumlöffel direkt vom Kochwasser hinzufügen. Mit Salz und Pfeffer würzen und alles locker vermengen. Auf Teller verteilen und mit Käse bestreuen.

**Di**

**AUCH KALT EIN GENUSS:** Der Couscous-Salat eignet sich gut als Büro-Snack am nächsten Tag.

**HERZHAFT GUT:** Der Schinken verleiht dem Gericht eine würzige Note, er kann auch durch Räuchertofu ersetzt werden.

**Mi**

**START IN DEN FRÜHLING:**
Mit frischem Spinat
schmecken die gefüllten
Pilze noch besser.

**Do**

**3**

**Fr**

**DIP-TIPP:** saure Sahne mit
Kräutern und frisch gepresstem
Knoblauch – oder Joghurt mit
Dill, Zwiebeln und Zitronensaft

# MOZZARELLA-CHAMPIGNONS MIT SPINAT

⏱ 30 Minuten  📊 23 g E / 22 g F / 40 g KH = 452 kcal p. P.

- 450 g aufgetauter TK-Rahmspinat (1 Packung)
- 8 große Champignons (etwa 500 g), *Stiele fein gehackt*
- 1 Zwiebel, *fein gewürfelt*
- 2 EL Pflanzenöl
- 100 ml Gemüsebrühe
- 1 TL gemischte TK-Kräuter
- 125 g Mozzarella, *klein gewürfelt*
- außerdem: Salz, schwarzer Pfeffer, 1 Ciabatta (250 g) *in Scheiben,* etwas Pflanzenöl für die Form

1. Backofen auf 200 °C (Umluft 180 °C) vorheizen und eine Auflaufform mit etwas Pflanzenöl auspinseln. Den aufgetauten Spinat auf dem Boden der Auflaufform verteilen, mit Salz und Pfeffer würzen. Champignonköpfe so in die Auflaufform geben, dass sie gefüllt werden können.

2. Zwiebelwürfel und die gehackten Champignonstiele 3 bis 4 Minuten in erhitztem Öl andünsten. Mit etwa zwei Drittel der Gemüsebrühe beträufeln und die Kräuter einrühren. 2 bis 3 Minuten einkochen lassen, dann die Pfanne vom Herd ziehen.

3. Die Zwiebel-Champignon-Mischung in die Champignonköpfe füllen und mit Mozzarella bestreuen. Rundherum mit restlicher Gemüsebrühe beträufeln und die Form in den Ofen schieben. In 15 bis 20 Minuten überbacken.

4. Die Ciabattascheiben für etwa 10 Minuten mit in den Ofen schieben und knusprig backen.

**VARIANTE MIT FRISCHEM SPINAT:** 1 kg frischen jungen Spinat in kochendes Salzwasser legen. Aufkochen lassen, abgießen und mit kaltem Wasser abbrausen. Abtropfen lassen, mit den Händen ausdrücken und dann klein schneiden. Auf dem Boden der Auflaufform verteilen, mit Salz und Pfeffer würzen und mit ein paar Butterflöckchen belegen. Dann weiter wie im Rezept beschrieben.

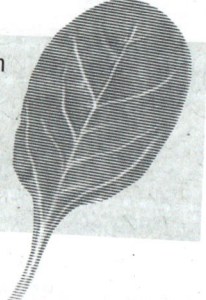

# TOFU-SAUERKRAUT-
# BRATLINGE MIT
# TOMATENSALAT

- 300 g rohes Sauerkraut aus der Packung, *ausgedrückt und fein zerkleinert*
- 500 g milder Tofu, *zerkleinert und mit der Gabel zerdrückt*
- 4 Eier
- 1–2 EL Mehl
- je 1 Msp. rosenscharfes und edelsüßes Paprikapulver
- 500 g Tomaten, *in dünnen Scheiben*
- ⅓ Bund Petersilie, *fein gehackt*
- 1 Frühlingszwiebel, *klein gewürfelt*
- 3 EL Olivenöl
- 2 EL Balsamessig
- 6–8 EL Pflanzenöl
- außerdem: Salz, schwarzer Pfeffer

⌧ 40 Minuten  ⌧ 20 g E / 48 g F / 19 g KH = 605 kcal p. P.

1. Den Backofen auf 80 °C vorheizen.

2. Sauerkraut, Tofu, Eier und Mehl vermischen und einen geschmeidigen Teig bereiten. Mit Salz, Pfeffer und den beiden Paprikasorten würzen.

3. Die Tomatenscheiben auf einer Servierplatte dachziegelartig anrichten.

4. Petersilie und Frühlingszwiebeln über die Tomatenscheiben streuen. Alles mit Salz und Pfeffer würzen. Olivenöl mit Balsamessig verrühren und darüberträufeln.

5. Pflanzenöl portionsweise in einer Pfanne erhitzen, je 1 EL Tofu-Sauerkraut-Masse darin mit dem Löffelrücken platt drücken und gut anbraten lassen. Wenden, etwa 6 bis 7 Minuten fertig braten und zum Warmhalten in den vorgeheizten Backofen geben. So lange fortfahren, bis die Masse aufgebraucht ist.

RESTETIPP: Restliches Sauerkraut auf den Tellern als »Nester« für die Bratlinge herrichten.

# GEMÜSE UND OBST HALTBAR MACHEN

Wenn Obst oder Gemüse günstig zu haben ist, können Sie es auch in größeren Mengen kaufen und dann für später haltbar machen. Dabei kann man sich nicht nur günstig bevorraten, sondern auch gleich die Frische und vor allem die Vitamine in Obst und Gemüse bewahren.

## EINFRIEREN

Um die Vitamine im Obst und Gemüse lange zu erhalten, ist Einfrieren die beste Methode. Dank der Superfrost-Funktion moderner Gefrierschränke können Sie auch größere Mengen schnell und gut einfrieren. Beste Voraussetzungen also, um Obst und Gemüse saisonal günstig einzukaufen und zu lagern.

Am besten eignen sich Gefrierbeutel und tiefkühlgeeignete Kunststoffdosen mit festsitzendem Deckel für das Einfrieren. Dagegen sind Plastik-Tragetaschen, Frühstücks- und Müllbeutel sowie Joghurt- und Margarinebecher nicht so gut, denn sie können durch den Druck brechen. Unbedingt die Verpackungen eindeutig beschriften!

Am besten frieren Sie immer kleine Portionen ein. Gefriergut kühlt am schnellsten an den Seiten des Gefrierschrankes. Falls vorhanden, nutzen Sie die Superfrost-Funktion. Wenn etwas länger aufgetaut war, sollte man es nicht wieder einfrieren, da sich durch das Erwärmen Bakterien sprunghaft vermehren können.

Gemüse muss vor dem Einfrieren blanchiert werden, d. h. es wird für ca. 1 bis 3 Minuten in kochendes Salzwasser gegeben. Nur so bleiben Vitamine, die frische Farbe sowie die Konsistenz erhalten und Bakterien werden abgetötet. Danach mit kaltem Wasser abschrecken und portionsweise einfrieren. Kleinere Kürbiswürfel etwa fünf Minuten in wenig Wasser kochen und dann portionsgerecht einfrieren.

**Nicht in die Tiefkühlbox gehören:**
rohe Kartoffeln, Gurken, rohe Zwiebeln, Rettich, Radieschen und Blattsalate

## TROCKNEN

Schon sehr lange trocknen die Menschen Lebensmittel, um sie haltbar zu machen. Beim Entzug von Feuchtigkeit bleiben Vitamin B und C weitgehend erhalten und die getrockneten Lebensmittel haben einen hohen Nährstoffgehalt. Trocknen kann man Obst, Pilze, Fleisch oder Fisch ganz natürlich an einem warmen und schattigen Platz – entweder ganz oder geschnitten. Gemüse am besten kurz blanchieren oder vordämpfen, so trocknet es schneller. Die Lebensmittel dann entweder auf Schnüre fädeln oder ausbreiten. Je nach Wassergehalt dauert der Vorgang eine oder auch mehrere Wochen.

Schneller und hygienischer geht es im Backofen oder im Dörrapparat. Die Mikrowelle bietet sich dagegen nicht an, da sie die Wärme nicht gleichmäßig verteilt. Der Backofen eignet sich allerdings nur für Obst, Pilze und Kräuter. Dafür ein Backblech oder -rost mit Backpapier auslegen und das Trockengut in gutem Abstand zueinander darauf verteilen und bei 50 bis 65 °C – idealerweise bei Umluft – langsam über mehrere Stunden trocknen. Die Ofentür einen Spalt offen lassen. Am besten einen Korken oder Kochlöffel als Abstandshalter verwenden.

## EINMACHEN

Beim Einmachen wird das Gemüse oder Obst in Gläser gefüllt (entweder roh oder vorgegart), mit Aufguss bedeckt und dann im geschlossenen Glas sehr stark und lange im Wasserbad erhitzt. Gut verschlossen und lichtgeschützt gelagert, kann Gemüse und Obst so bis zu einem Jahr und länger haltbar sein.

Egal ob Obst, Gemüse oder Fleisch, Sie können alles einmachen, was Sie gerne essen – nur frisch muss es sein. Obst wird nur roh eingekocht, Gemüse kann roh oder blanchiert sein. Blanchiert behält es seine Farbe besser. Eiweißreiche Gemüsearten wie Erbsen, Bohnen und Pilze müssen nach ein bis zwei Tagen noch ein zweites Mal eingekocht werden. Erst dann sind Sporen bildende Mikroorganismen unschädlich.

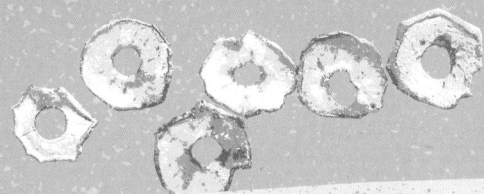

**TIPP:** Ob die Früchte trocken genug sind, können Sie feststellen, wenn Sie eine kleine Menge in einem Plastikbeutel verschließen. Beschlägt der Beutel, müssen Sie noch einmal nachtrocknen.

# 4

zur Online-
Einkaufsliste

Das Frühjahr bietet mit seiner ersten Ernte einen Frischeschub aus der Natur. Weißkohl, Spinat, Chicorée, Kerbel und Radieschen werden in dieser Woche mal asiatisch zubereitet oder mit Garnelen kombiniert, im Auflauf oder in der Suppe genossen oder roh im Salat.

**SPEISEPLAN:**

**DIENSTAG**
CHICORÉE-KARTOFFEL-AUFLAUF
MIT PAPRIKA-SCHINKEN

**SAMSTAG**
KARTOFFEL-RADIESCHEN-SALAT
MIT KRÄUTERBURGERN

**MITTWOCH**
PASTA MIT AUBERGINEN-
TOMATEN-SAUCE

**SONNTAG**
FRISCHE SPINATKUGELN MIT
MANDEL-CURRY-JOGHURT

**DONNERSTAG**
KERBEL-KARTOFFELSUPPE MIT
INGWER UND GARNELEN

**MONTAG**
GEGRILLTE PASTINAKEN MIT
KNOBLAUCH-SCHWEINELENDCHEN

**FREITAG**
WEISSKOHL »ASIA« MIT PAPRIKA,
KICHERERBSEN UND MIE-NUDELN

**EINKAUFSLISTE:**

- Kartoffeln (festkochend), **1,5 kg**
- Pastinaken, **500 g**
- Weißkohl, **1 kleiner Kopf (500 g)**
- rote Paprikaschote, **1**
- Chicorée, **4 Kolben (à etwa 200 g)**
- Spinat (frisch), **1 kg**
- Knoblauch, **5 Zehen**
- Zwiebeln, **4 kleine**
- Radieschen, **1 kleines Bund**
- Aubergine, **1 (etwa 400 g)**
- Frühlingszwiebeln, **1 Bund (ca. 5 Stück)**
- Basilikum, **1 kleines Bund**
- Kerbel, **1 Bund**
- Möhren, **200 g**
- Ingwerknolle, **etwa 2 cm**
- Zitrone, **1**
- Rinderhackfleisch, **500 g**
- Schweinelendchen (Minutensteaks), **8 (etwa 500 g)**
- gekochter Schinken, **200 g in Scheiben**
- gemischte TK-Kräuter, **1 Packung**
- Mandelblättchen, **100 g**

- Naturjoghurt (1,5 % Fett), **500 g**
- Vollmilch, **500 ml**
- Schlagsahne, **1 Becher (200 g)**
- geriebener Käse (z. B. Gouda), **100 g**
- Eismeergarnelen, **180 g**
- gestückelte Tomaten, **1 Tetrapak / Dose (500 g)**
- Nudeln (z. B. Rigatoni), **1 Packung (500 g)**
- chinesische Eiernudeln (Mie-Nudeln), **1 Packung (250 g)**
- gekochte Kichererbsen, **1 Dose (Abtropfgewicht 265 g)**
- Fladenbrot, **1**

**AUS DEM VORRAT:**

- Olivenöl
- Pflanzenöl
- weißer Essig (Essig-essenz)
- Butter
- Honig
- Instant-Gemüsebrühe
- Salz
- Pfeffer
- rosenscharfes und edelsüßes Paprika-pulver
- Currypulver
- Chilipulver
- Muskatnuss
- Currypaste

# Mo

# KARTOFFEL-RADIESCHEN-SALAT
## MIT KRÄUTERBURGERN

⏲ 45 Minuten  ▯ 28 g E / 40 g F / 27 g KH = 597 kcal p. P.

- 500 g festkochende Kartoffeln
- 1 kleine Zwiebel, *klein gehackt*
- 6 EL Pflanzenöl
- 150 ml Gemüse- oder Fleischbrühe
- 1 EL weißer Essig
- 1 kleines Bund Radieschen, *in dünnen Scheiben* + etwas Radieschengrün, *in Streifen*
- 500 g Rinderhackfleisch
- 1 TL gemischte TK-Kräuter
- je 1 Prise Rosenpaprika und edelsüßes Paprikapulver
- außerdem: Salz, schwarzer Pfeffer

1. Kartoffeln waschen und mit kaltem Wasser sowie einer kräftigen Prise Salz zum Kochen bringen. Je nach Größe der Kartoffeln sind sie in 25 bis 30 Minuten gar.

2. Zwiebelwürfel in 1 EL heißem Öl kurz andünsten. Mit Brühe aufgießen und aufkochen lassen. Die Pfanne beiseiteziehen.

3. Kartoffeln schälen, in Scheiben schneiden, in eine Schüssel geben und mit dem Pfanneninhalt begießen. Mit Essig und 2 EL Öl beträufeln und mit Salz und Pfeffer würzen.

4. Radieschenblätter und -scheiben unter den Kartoffelsalat mischen; alles nochmals abschmecken.

5. Rinderhackfleisch mit der Kräutermischung, den beiden Paprikasorten, Salz und Pfeffer würzen und verkneten. Dann zu 4 Kugeln formen und diese mit der Hand platt drücken. Die Burger in 3 EL Öl von jeder Seite 2 bis 3 Minuten anbraten. Die Hitze verringern und in weiteren 5 bis 6 Minuten fertig braten. Auf Küchenpapier abtropfen lassen und zum Kartoffel-Radieschen-Salat servieren.

# FRISCHE SPINATKUGELN MIT MANDEL-CURRY-JOGHURT

⏱ 15 Minuten | 🍽 11 g E / 14 g F / 10 g KH = 212 kcal p. P. (o. Beilage)

- 1 kg frischer Spinat
- 100 g Mandelblättchen
- 1 kleine Zwiebel, *klein gewürfelt*
- 500 g Naturjoghurt (1,5 % Fett)
- 1 TL kräftiges Currypulver
- 1 kräftige Prise Chilipulver
- außerdem: Salz, schwarzer Pfeffer, nach Wunsch
- 1 Fladenbrot als Beilage

1. Backofen auf 180 °C (Umluft 160 °C) vorheizen.

2. Spinat in kochendes Salzwasser geben, aufkochen und in ein Sieb schütten. Mit kaltem Wasser begießen und gründlich abtropfen lassen.

3. Mandelblättchen ohne Fett von allen Seiten so lange rösten, bis sie duften, etwa 2 bis 3 Minuten.

4. Zwiebelwürfel mit dem Joghurt verrühren. Mit Currypulver, Chilipulver, Salz und Pfeffer kräftig würzen. Den Spinat nach Belieben entweder in 8 oder 12 Portionen teilen, jede Portion in der Hand kräftig ausdrücken und eine Kugel formen.

5. Eventuell Fladenbrot für wenige Minuten bis zur gewünschten Knusprigkeit im vorgeheizten Backofen aufbacken.

6. Spinatkugeln mit dem gewürzten Joghurt überziehen, mit den Mandelblättchen bestreuen und mit dem Fladenbrot servieren.

**TIPP:** Der Hunger ist größer? Diese Mahlzeit können Sie mit einer Kombination aus verschiedenen Antipasti, z. B. Oliven, getrockneten Tomaten in Öl oder eingelegten Artischocken, erweitern.

# Mo

# GEGRILLTE PASTINAKEN
## MIT KNOBLAUCH-
## SCHWEINELENDCHEN

⏱ 40 Minuten  📊 31 g E / 23 g F / 9 g KH = 347 kcal p. P.

- 1 EL Honig oder Aprikosenmarmelade
- 5 EL Pflanzenöl
- 500 g Pastinaken, *ohne Schale, halbiert oder geviertelt*
- 500 g Schweinelendchen
- 3 Knoblauchzehen, *gepresst*
- Saft von 1 Zitrone
- 1 TL gemischte TK-Kräuter
- außerdem: Salz, schwarzer Pfeffer

1. Backofen auf 200 °C (Umluft 180 °C) vorheizen und ein Backblech mit Backpapier belegen.

2. Honig oder Aprikosenmarmelade mit 2 EL Pflanzenöl verrühren, mit Salz und Pfeffer würzen. Pastinaken auf dem Backblech verteilen und auf den Oberflächen mit dem Honig- bzw. Aprikosenmarmeladen-Öl bepinseln; im Backofen etwa 25 Minuten garen. Zwischendurch ein- bis zweimal wenden und dabei nachpinseln.

3. Schweinelendchen mit Salz und Pfeffer würzen und dem gepressten Knoblauch bestreichen.

4. Schweinelendchen in 3 EL erhitztem Öl auf jeder Seite 1 Minute scharf anbraten, bei verringerter Hitze in einigen Minuten fertig braten und aus der Pfanne nehmen.

5. Bratensatz mit Zitronensaft ablösen und die Kräutermischung einrühren. Die Schweinelendchen mit dem Pfannensud beträufeln. Die gegrillten Pastinaken dazu servieren.

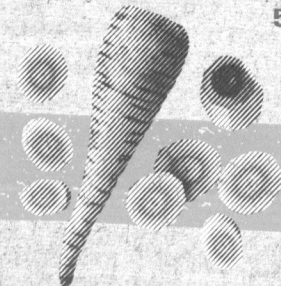

**SCHNELLER GEHT'S SO:** Die geschälten Pastinaken in dünne Scheibchen schneiden und in der Pfanne in Olivenöl etwa 10 Minuten rundherum braten.

# CHICORÉE-KARTOFFEL-AUFLAUF
## MIT PAPRIKA-SCHINKEN

⏱ 40 Minuten ▣ 26 g E / 39 g F / 38 g KH = 888 kcal p. P.

- 500 ml Vollmilch
- 200 g Schlagsahne
- 500 g festkochende Kartoffeln, *ohne Schale, in 1 cm breiten Scheiben*
- 1 EL Butter
- 1 kleine Zwiebel, *klein gewürfelt*
- 4 Chicorée (á etwa 200 g), *ohne Strunk, geviertelt*
- 200 g gekochte Schinkenscheiben
- 100 g geriebener Käse (z. B. Gouda)
- außerdem: Salz, schwarzer Pfeffer, gemahlene Muskatnuss, edelsüßes und rosenscharfes Paprikapulver

1. Milch und Schlagsahne in einen Topf gießen und die Kartoffelscheiben darin einlegen. Mit Salz, Pfeffer und Muskatnuss würzen und aufkochen lassen. Dann bei kleiner Hitze etwa 10 Minuten garen lassen, zwischendurch umrühren.

2. In der Zwischenzeit den Backofen auf 200 °C (Umluft 180 °C) vorheizen. Die Auflaufform mit etwas Butter ausstreichen und die Zwiebelwürfel auf den Boden streuen. Jedes Chicoréeviertel mit Salz, Pfeffer sowie mit den beiden Paprikasorten kräftig würzen und in eine Scheibe Schinken wickeln.

3. Die Kartoffeln samt Sahne-Milch in die Auflaufform geben. Die Chicorée mit den Schinkenschnittstellen nach unten dicht nebeneinander darauflegen, dabei mit etwas Sahne-Milch überziehen.

4. Zuletzt mit Käse bestreuen und mit Butterflöckchen belegen. Den Auflauf im Backofen in etwa 20 Minuten überbacken.

**Mo**

**GEMÜSEREVIVAL:** Die Pastinake wurde vor über 200 Jahren durch Kartoffel und Möhre von den Speiseplänen der Deutschen verdrängt. Zu Unrecht!

**Di**

**DOPPELT GUT FÜR DEN MAGEN:** Der Bitterstoff Intybin im Chicorée regt die Verdauung an.

**PERFEKT FÜR DEN SPORTTAG:** Nudeln sind besonders kohlenhydratreich und liefern viel schnell verfügbare Energie.

Mi

**FRÜHLINGSBOTE:** Kerbel gehört zu den ersten Pflanzen, die im Frühjahr geerntet werden.

Do

# PASTA MIT AUBERGINEN-TOMATEN-SAUCE

⧗ 40 Minuten  ⊡ 19 g E / 11 g F / 100 g KH = 591 kcal p. P.

1. Backofen auf 200 °C (Umluft 180 °C) vorheizen. Aubergine in den Backofen legen und in etwa 20 Minuten garen.

2. Die Nudeln in kochendes Salzwasser geben und in etwa 12 Minuten, je nach Packungshinweis, bissfest garen.

3. Aubergine aus dem Backofen nehmen, kurz abkühlen lassen und die Haut abziehen. Das Fruchtfleisch klein schneiden.

4. Die Frühlingszwiebeln in erhitztem Öl in einem Topf andünsten. Das Auberginenfruchtfleisch hinzufügen und unter Rühren 1 bis 2 Minuten braten. Die gestückelten Tomaten hinzufügen und alles mit Salz und Pfeffer würzen. Bei kleiner Hitze einige Minuten ziehen lassen.

5. Die Nudeln in tiefe Teller verteilen. Die Sauce nochmals abschmecken, die Basilikumstreifen unterziehen und über die Nudeln geben.

- 1 Aubergine (etwa 400 g), *rundherum mit einer Gabel eingestochen*
- 500 g Nudeln (z. B. Rigatoni)
- 1 kleines Bund Frühlingszwiebeln (etwa 5 Stück), *klein gewürfelt*
- 1 Tetrapak / Dose gestückelte Tomaten (500 g)
- 1 kleines Bund Basilikum, *Blättchen in Streifen*
- 2 EL Olivenöl
- außerdem: Salz

**ETWAS-SCHNELLER-VARIANTE:** Die Aubergine, je nach Größe, halbieren oder vierteln und in dünne Scheibchen schneiden. Diese auf beiden Seiten in Olivenöl braten und mit den Nudeln sowie der Tomatensauce vermischen.

# KERBEL-KARTOFFEL-SUPPE MIT INGWER UND GARNELEN

**Do**

⏱ 40 Minuten  ▤ 11 g E / 9 g F / 27 g KH = 235 kcal p. P.

- etwa 2 cm Ingwerknolle, *klein gewürfelt*
- 200 g Möhren, *in dünnen Streifen*
- 2 EL Pflanzenöl
- 500 g festkochende Kartoffeln, *ohne Schale, in ½ cm großen Stücken*
- 1 l Gemüsebrühe
- 1 Bund Kerbel, *klein gehackt*
- 180 g Eismeergarnelen
- außerdem: Salz, schwarzer Pfeffer

1. Ingwer und Möhren in erhitztem Öl 1 bis 2 Minuten andünsten. Kartoffelstücke hinzufügen, alles 1 Minute rühren und mit Salz und Pfeffer würzen.

2. Den Topfinhalt mit Brühe aufgießen, aufkochen lassen und dann die Hitze zurückdrehen. Das Gemüse etwa 15 Minuten garen. Die Suppe mit einem Pürierstab fein oder grob vermengen.

3. Den Kerbel sowie die Garnelen einrühren, 1 bis 2 Minuten ziehen lassen, nochmals abschmecken und servieren.

**VARIANTE FÜR VEGETARIER:** Anstatt Garnelen kross gebratene Weißbrotwürfel verwenden. Dazu Toast- oder Weißbrot in kleine Würfel schneiden und diese in heißer Butter von allen Seiten rösten.

# WEISSKOHL »ASIA«
## MIT PAPRIKA,
# KICHERERBSEN
## UND MIE-NUDELN

- 1 Packung Mie-Nudeln (chinesische Eiernudeln)
- 2 EL Pflanzenöl
- 2 Knoblauchzehen, *klein gewürfelt*
- 1 EL Currypaste
- 500 g Weißkohl, *in dünnen Streifen*
- 1 rote Paprikaschote, *in dünnen Streifen*
- 250 ml Gemüsebrühe
- 1 Dose gekochte Kichererbsen, *abgetropft*
- außerdem: Salz, schwarzer Pfeffer

⏲ 30 Minuten   🍽 15 g E / 10 g F / 63 g KH = 415 kcal p. P.

1. Mie-Nudeln in kochendes Salzwasser geben. Je nach gewünschter Länge die rohen Nudeln mehrmals brechen. Diese in etwa 3 Minuten garen, in ein Sieb gießen und abtropfen lassen.

2. Öl in einer größeren Pfanne oder in einem Wok erhitzen. Unter ständigem Rühren Knoblauch und Currypaste 1 bis 2 Minuten anbraten. Weißkohl und Paprika hinzufügen, etwas Brühe zugießen und alles gut 5 Minuten dünsten lassen. Mit Salz und Pfeffer würzen.

3. Kichererbsen und abgetropfte Mie-Nudeln unterheben. Alles 1 bis 2 Minuten weiterdünsten und dabei die restliche Gemüsebrühe hinzufügen. Nochmals abschmecken und servieren.

**KICHERERBSEN-INFO:** Getrocknete Kichererbsen lassen sich gut verschlossen bis zu zwei Jahre aufbewahren. Zum spontanen Kochen eignen sich vorgekochte Kichererbsen aus der Dose besser, denn zum Einweichen brauchen Kichererbsen einen Tag und weitere 2 Stunden zum Garen.

# 5

zur Online-Einkaufsliste

Nicht nur die Spargelsaison macht den Frühling für Feinschmecker zur besten Jahreszeit. Auch Rucola, Sommerwirsing, grüne Bohnen, Knoblauch und viele weitere Gemüsesorten werden geerntet und bereichern den Speiseplan.

## SPEISEPLAN:

**SAMSTAG**
BUNTER RUCOLASALAT MIT
BIRNEN-ROTE-BETE

**SONNTAG**
OFEN-WIRSING MIT
HACKFLEISCHSAUCE

**MONTAG**
PFANNEN-SÜSSKARTOFFELN
MIT SCHWEINEFILET UND
GREMOLATA

**DIENSTAG**
SCHNITTLAUCH-MATJES
MIT SAHNIGEM BOHNEN-
GEMÜSE

**MITTWOCH**
ORANGEN-SPARGEL MIT
GERÄUCHERTEM FORELLEN-
TATAR

**DONNERSTAG**
GEGRILLTES FRÜHLINGS-
GEMÜSE MIT ZIMT-HONIG-
AVOCADO-CREME

**FREITAG**
PASTA MIT ZUCCHINI-
THUNFISCH-SAUCE

## EINKAUFSLISTE:

- Rucola, **1 Schale (150 g)**
- Rote Bete (gekocht, vakuumiert), **500 g**
- Wirsing, **1 großer oder 2 kleine Köpfe (etwa 1 kg)**
- Süßkartoffeln, **750 g**
- grüne Bohnen, **750 g**
- Kartoffeln (festkochend), **1 kg**
- Paprikaschoten, **3 (rot, grün, gelb; etwa 600 g)**
- Champignons, **200 g**
- Zucchini, **500 g**
- Tomaten, **2 (etwa 150 g)**
- Avocados, **2 noch nicht ganz reife**
- weißer Spargel, **800 g**
- Zwiebeln, **5 kleine**
- Knoblauch, **5 Zehen**
- Suppengemüse, **1 kleines Bund**
- Petersilie, **2 kleine Bund**
- Schnittlauch, **1 Bund**
- Dill, **1 kleines Bund**
- Zitronen, **4 (davon 1 Bio)**
- Orangen (Bio), **3**
- Birne, **1 große süße**
- Haselnussblättchen, **100 g**
- Nudeln (z. B. Penne), **500 g**
- Kapern, **1 kleines Glas (max. 35 g)**
- Thunfisch im eigenen Saft, **1 Dose (ATG 150 g)**
- gemischtes Hackfleisch, **250 g**
- Schweinefilet, **500 g**
- Schlagsahne, **2 Becher (à 200 g)**
- saure Sahne oder Schmand, **200 g**
- Kräuter-Crème-fraîche, **100 g**
- Eier, **4**
- Matjesfilets (Kühltheke), **250 g**
- geräucherte Forellenfilets, **2 Packungen (à 125 g)**

- - - - - - - - - - - - - - - - - - - - - - - - - - - -

**AUS DEM VORRAT:**

- Olivenöl
- Pflanzenöl
- Weißweinessig
- Weißwein
- Butter
- Honig
- Zucker
- Instant-Gemüse-
  brühe
- Salz
- Cayennepfeffer
- Chilipulver
- gemahlene
  Muskatnuss
- schwarze Pfefferkörner
  (zerstoßen)
- getrocknetes
  Bohnenkraut
- Zimt
- Kümmel
- rosenscharfes und
  edelsüßes Paprikapulver

# Sa

# BUNTER RUCOLASALAT
## MIT BIRNEN-ROTE-BETE

- 100 g Haselnussblättchen
- 1 kleine Zwiebel, *klein gewürfelt*
- 2 TL Honig
- Saft von 1 Zitrone
- 5 EL Olivenöl
- 500 g gekochte Rote Bete, *gewürfelt*
- 150 g Rucola, *Stiele gekürzt*
- 1 große süß schmeckende Birne, *ohne Kerngehäuse, in Scheiben*
- außerdem: Salz, schwarzer Pfeffer

⏱ 30 Minuten  🍴 7 g E / 35 g F / 22 g KH = 442 kcal p. P.

1. Haselnussblättchen in einer beschichteten heißen Pfanne ohne Fett so lange rösten, bis sie duften (etwa 1 bis 2 Minuten).

2. Zwiebelwürfel mit 1 TL Honig, der Hälfte des Zitronensafts sowie dem Olivenöl verrühren.

3. Rote-Bete-Würfel mit dem Rucola locker in einer Schüssel vermengen. Mit Zwiebel-Honig-Dressing vermischen und mit Salz und Pfeffer würzen.

4. Den Salat breitflächig auf Tellern verteilen. Die Birne darauf anrichten. Restlichen Zitronensaft mit 1 TL Honig verrühren und über die Birnenscheibchen träufeln. Mit Haselnussblättchen bestreuen.

**ROTE-BETE-INFO:** Vorgegarte und geschälte Rote Bete eingeschweißt in Folie spart Zeit und Arbeit. Sie können aber auch frische Rote Bete verwenden: Die »Kugeln« vorsichtig waschen, Wurzel und Blattansätze nicht abschneiden, sonst verliert die Rübe Saft und Aroma. In kaltem Salzwasser aufsetzen und je nach Größe in etwa 40 Minuten gar kochen. Abgießen, kurz abkühlen lassen, schälen und nach Rezept zubereiten.

# OFEN-WIRSING MIT HACKFLEISCHSAUCE UND SALZKARTOFFELN

**So**

⏱ 50 Minuten  ▢ 18 g E / 37 g F / 10 g KH = 450 kcal p. P. (o. Beilage)

- 1 kg Wirsing, *ohne äußere Blätter, geviertelt*
- 1 EL Butter
- 1 kleines Bund Suppengemüse (Lauch, Sellerie, Möhre, Petersilienwurzel), *klein gewürfelt*
- 2 EL Pflanzenöl
- 250 g gemischtes Hackfleisch
- 1 Prise Cayennepfeffer
- 500 ml Gemüse- oder Fleischbrühe
- 200 g Schlagsahne
- **außerdem:** Salz, gemahlene Muskatnuss, zerstoßene schwarze Pfefferkörner, 1 kg Kartoffeln als Beilage, *geschält* (die Hälfte davon wird am Dienstag, Seite 77, zu Bratkartoffeln weiterverarbeitet)

1. Wirsing in Salzwasser aufkochen, herausnehmen und in einem Sieb abtropfen lassen.

2. Backofen auf 200 °C (Umluft 180 °C) vorheizen und eine Auflaufform mit der Hälfte der Butter einfetten.

3. Gemüsewürfel 1 bis 2 Minuten in erhitztem Öl andünsten. Hackfleisch hinzufügen und unter Rühren krümelig braten. Mit Salz, Pfeffer und Cayennepfeffer würzen und mit Brühe aufgießen. Aufkochen lassen, bei geringer Hitze 2 bis 3 Minuten weitergaren lassen.

4. Wirsingviertel in die Auflaufform geben und mit Salz, Pfeffer, Muskatnuss sowie mit den zerstoßenen Pfefferkörnern würzen. Die Hackfleischsauce mit Schlagsahne verrühren und löffelweise über die Wirsingviertel verteilen. Restliche Butter auf das Gemüse geben. Den Ofen-Wirsing insgesamt etwa 30 Minuten im Backofen schmoren lassen und je nach Bräunung auf der Oberfläche in den letzten 10 Minuten mit einem Deckel oder mit Alufolie abdecken.

5. In der Zwischenzeit die Kartoffeln in einem Topf mit Salzwasser bedecken und in 20 Minuten gar kochen. 500 g davon für den übernächsten Tag abgedeckt im Kühlschrank aufbewahren. Die andere Hälfte mit dem Ofen-Wirsing servieren.

**LEICHTE KOST:** Der bunte Rucolasalat ist mit weniger als 450 kcal pro Portion besonders figurfreundlich.

**Sa**

**So**

**GANZJÄHRIG GESUND:** Wirsing liefert viel Vitamin C und wird das ganze Jahr über geerntet — im Frühling zart und gelbgrün, im Winter fest und dunkelgrün.

**KARTOFFEL** ist nicht gleich Kartoffel: Die Verwandtschaft im Namen trügt, botanisch ist die Süßkartoffel nicht mit der Kartoffel verwandt.

Mo

5

**DELIKATESSE IM FRÜHLING:** Matjes sind früh gefangene Heringe. Sie haben besonders zartes Fleisch.

Di

75

**Mo**

# PFANNEN-SÜSSKARTOFFELN MIT SCHWEINEFILET UND GREMOLATA

⏱ 30 Minuten  🍽 33 g E / 42 g F / 48 g KH = 699 kcal p. P.

- 150 ml Olivenöl
- Saft und Abrieb von 1 Bio-Zitrone (1 EL Saft für Dienstag aufbewahren)
- 1 kleines Bund Petersilie, *klein gehackt*
- 3 Knoblauchzehen, *klein gewürfelt*
- 500 g Schweinefilet am Stück, *quer in 8 Scheiben*
- 750 g Süßkartoffeln (3–4 Stück), *in 2 cm großen Würfeln*
- außerdem: Salz, schwarzer Pfeffer, Chilipulver

**1.** Für die Gremolata etwa 50 ml Olivenöl mit Zitronensaft und -abrieb verrühren. Petersilie und Knoblauch unterrühren und alles mit Salz und Pfeffer würzen. Bis zum Gebrauch bei Zimmertemperatur ziehen lassen.

**2.** Schweinefiletscheiben mit Salz und Pfeffer würzen. Süßkartoffelstücke in 50 ml erhitztem Öl etwa 5 Minuten von allen Seiten knusprig braten. Bei Bedarf noch mehr Olivenöl zugießen und alles kräftig mit Salz, Pfeffer und Chilipulver würzen.

**3.** In einer weiteren Pfanne die Filetscheiben in etwas heißem Olivenöl von jeder Seite etwa 1 Minute kräftig anbraten. Bei verringerter Hitze weitere 2 bis 3 Minuten braten, je nach gewünschtem Garzustand.

**4.** Die Fleischscheiben in Alufolie gehüllt 2 bis 3 Minuten nachziehen lassen. Den Pfannensatz mit 3 bis 4 EL Wasser ablöschen. Die Süßkartoffeln mit je 2 Filetscheiben anrichten und mit Pfannensatz beträufeln. Die Gremolata separat servieren oder löffelweise auf den Fleischstücken verteilen.

**RESTETIPPS FÜR SÜSSKARTOFFELN:** Die geschälten Süßkartoffeln in dünne Scheibchen schneiden und in Olivenöl zu Chips braten. Oder die nicht geschälten Süßkartoffeln in Folie wickeln, würzen, mit etwas Olivenöl beträufeln und die Folien gut verschließen. Im vorgeheizten Backofen bei 200 °C (Umluft 180 °C) je nach Größe der Kartoffeln in etwa 40 Minuten garen.

# SCHNITTLAUCH-MATJES MIT SAHNIGEM BOHNENGEMÜSE UND BRATKARTOFFELN

⏱ **40 Minuten** 🍴 20 g E / 41 g F / 13 g KH = 519 kcal p. P. (o. Beilage)

- 500 g grüne Bohnen (Fisolen), *geputzt*
- 250 g Matjesfilets, *gewaschen*
- 1 kleiner Bund Schnittlauch, *in kleinen Röllchen*
- 2 kleine Zwiebeln, *fein gewürfelt*
- 4 EL Pflanzenöl
- 1 EL Butter
- 200 g Schlagsahne
- 1 TL getrocknetes Bohnenkraut
- 1 EL Zitronensaft (vom Vortag)
- 3 Eier, *hart gekocht und klein gehackt*

außerdem:
Salz, weißer Pfeffer, Kümmel, edelsüßes Paprikapulver, Rosenpaprika, 500 g gegarte Kartoffeln von Sonntag (Seite 73) als Beilage

1. Bohnen etwa 4 bis 5 Minuten in kochendem Salzwasser garen, abgießen, mit kaltem Wasser abbrausen und abtropfen lassen. Dann schräg in etwa 2 cm lange Stücke schneiden.

2. Matjesfilets in den Schnittlauchröllchen wenden.

3. Zwiebelwürfel in erhitztem Öl und Butter kurz dünsten. Schlagsahne eingießen und alles 1 Minute einkochen lassen. Mit Salz, Pfeffer, Bohnenkraut und Zitronensaft würzen. Die Bohnen untermengen und kurz erwärmen. Zuletzt zwei Drittel der gehackten Eier unterheben.

4. Die gegarten Kartoffeln pellen und in Scheibchen schneiden. In einer größeren Pfanne 3 EL Pflanzenöl erhitzen, die Kartoffelscheiben einlegen und diese in 8 bis 10 Minuten auf beiden Seiten knusprig braten. Während des Bratens mit Salz, Pfeffer, Kümmel und den beiden Paprikasorten würzen.

5. Das Bohnengemüse mit den Schnittlauch-Matjes anrichten. Mit restlichem gehackten Ei sowie Schnittlauch bestreuen und mit den Bratkartoffeln servieren.

# ORANGEN-SPARGEL
## MIT GERÄUCHERTEM
## FORELLENTATAR

**40 Min. (+1 Std.)** • **19 g E / 33 g F / 20 g KH = 479 kcal p. P.**

- 800 g weißer Spargel, *geschält*
- 1 TL Butter
- Saft von ½ Zitrone
- 100 ml Olivenöl
- 1 Eigelb
- 3 große Bio-Orangen, *etwas Abrieb, 2 ausgepresst, 1 geschält, in dünnen Scheiben*
- 1 TL Weißweinessig
- 2 Packungen geräucherte Forellenfilets à 125 g, *klein gehackt*
- 1 kleines Bund Dill, *Blättchen klein gehackt*
- 1 Zwiebel, *klein gewürfelt*
- 100 g Kräuter-Crème-fraîche
- außerdem: Salz, schwarzer Pfeffer, Zucker

1. Spargel in kochendem Salzwasser mit einer Prise Zucker, Butter und Zitronensaft 10 bis 12 Minuten garen.

2. Das Olivenöl langsam zum Eigelb dazugeben und dabei mit dem Handmixer auf mittlerer Stufe verrühren. Orangensaft und Weißweinessig langsam zugießen. Mit Orangenabrieb, Salz, Pfeffer und einer Prise Zucker würzen.

3. Spargelstangen in eine Auflaufform legen und mit Orangendressing begießen. Den Spargel bei Zimmertemperatur etwa 1 Stunde marinieren lassen. Ist die Zeit knapp, kann darauf auch verzichtet werden.

4. Forellenfiletstücke mit Dill, Zwiebelwürfeln und Kräuter-Crème-fraîche locker vermengen und mit Salz und Pfeffer würzen.

5. Das Forellentatar auf Tellern anrichten. Den Spargel mit Orangenscheiben garnieren und dazureichen.

# GEGRILLTES FRÜHLINGSGEMÜSE MIT ZIMT-HONIG-AVOCADO-CREME

**Do**

- 250 g grüne Bohnen (Fisolen)
- 6 EL Olivenöl
- 3 verschiedenfarbige Paprikaschoten (etwa 600 g), *geviertelt*
- 200 g Champignons, *je nach Größe halbiert*
- 250 g Zucchini, *in 1 cm dicken Scheiben*
- 2 Tomaten (etwa 150 g), *halbiert*
- 2 Knoblauchzehen, *gepresst*
- 2 Avocados, *geschält und Kern entfernt*
- 200 g saure Sahne oder Schmand
- 2 EL Honig
- Saft von ½ Zitrone
- 1 Msp. gemahlener Zimt
- **außerdem:** Salz, schwarzer Pfeffer, Cayennepfeffer

⏱ 40 Minuten  🍴 9 g E / 44 g F / 26 g KH = 555 kcal p. P.

1. Bohnen in kochendem Salzwasser etwa 2 Minuten ziehen lassen. Abgießen, kalt abbrausen und abtropfen lassen.

2. Backofen auf 200 °C (Umluft 180 °C) mit Grillstufe vorheizen und ein Backblech mit etwas Olivenöl bepinseln.

3. Das vorbereitete Gemüse auf dem Backblech verteilen, die Tomatenhälften mit den Schnittflächen nach oben. Knoblauch mit dem Olivenöl verrühren und über das Gemüse träufeln. Alles mit Salz und Pfeffer würzen. Etwa 20 Minuten im Backofen grillen.

4. Avocadofleisch, saure Sahne oder Schmand, Honig und Zitronensaft mit einem Pürierstab vermengen. Mit Salz, Pfeffer, Zimt und Cayennepfeffer würzen.

5. Das gegrillte Gemüse mit der Avocadocreme servieren.

# PASTA MIT ZUCCHINI-THUNFISCH-SAUCE

⏱ 30 Minuten 🍽 28 g E / 11 g F / 96 g KH = 626 kcal p. P.

- 500 g Nudeln (z. B. Penne)
- 1 kleine Zwiebel, *klein gewürfelt*
- 2 EL Olivenöl
- 250 g Zucchini, *in dünnen Stiften*
- 1 Dose Thunfisch im eigenen Saft (Abtropfgewicht 150 g), *mit einer Gabel zerpflückt*
- 150 ml Gemüsebrühe
- 1 EL eingelegte Kapern
- Saft von 1 Zitrone
- 1 kleines Bund Petersilie, *fein gehackt*
- außerdem: Salz, schwarzer Pfeffer

1. Die Nudeln in reichlich kochendes Salzwasser geben und in etwa 10 Minuten bissfest garen.

2. Zwiebelwürfel in erhitztem Öl 1 Minute andünsten.

3. Die Zucchinistifte dazugeben und alles einige Minuten weiterdünsten.

4. Thunfisch dazugeben. Mit etwas Brühe angießen, die Kapern hinzufügen und mit Salz, Pfeffer und Zitronensaft würzen.

5. Die Nudeln direkt in die Thunfischpfanne geben. Petersilie einstreuen und alles locker durchmischen.

# 6

zur Online-
Einkaufsliste

Der Frühling geht in den Sommer über, der Einkaufskorb wird mit heimischen Früchten und Gemüse üppiger. Zeit für Rohkost, wie Kohlrabi und Paprikaschoten, zum Beispiel mit einem leckeren roten Linsen-Senf-Dressing. Auch frische Kräuter dürfen in der Sommerküche nicht fehlen.

## EINKAUFSLISTE:

- Zwiebeln, **6 kleine**
- Knoblauch, **1 Knolle**
- Ingwerknolle, **2–3 cm**
- Kartoffeln (festkochend), **1 kg**
- Frühlingsmöhrchen, **750 g**
- Paprikaschote (rot), **1**
- Kohlrabi, **250 g**
- Rucola, **1 Schale (125 g)**
- Salatgurke, **1**
- Tomaten, **750 g**
- Spargel, **800 g**
- Blumenkohl, **1 Kopf (etwa 500 g)**
- Brokkoli (frisch oder TK), **500 g**
- Petersilie, **1 Bund**
- Koriander oder Petersilie, **1 kleines Bund**
- Basilikum, **1 kleines Bund**
- gemischte Kräuter (Petersilie, Dill, Kerbel, Basilikum, Schnittlauch, je nach Saison), **1 kleines Bund**
- Zitrone, **1**
- Orange (Bio), **1**
- rote Linsen, **150 g**
- Garam Masala (indische Gewürzmischung), **1 kleine Tüte (ca. 50 g)**, oder Currypulver
- Kokosnussmilch, **1 Tetrapak (250 ml)**
- gestückelte Tomaten, **2 Dosen / Tetrapak (à 500 g)**
- Spaghetti, **1 Packung (500 g)**
- Bandnudeln, **1 Packung (500 g)**
- Rinderhackfleisch, **400 g**
- Schweineschnitzel, **400 g**
- Hühnchenbrüste (ohne Knochen), **500 g**
- griechischer Joghurt, **500 g**
- Mozzarella, **220 g (ATG 125 g)**
- Kochsahne (15 % Fett), **150 ml**
- Parmesan (gerieben), **100 g**
- Eier, **2**
- TK-Lachsfilet (ohne Haut), **250 g**

........................................

## AUS DEM VORRAT:

- Olivenöl
- Pflanzenöl
- Weißweinessig
- Weißwein
- Butter
- Mehl, **50 g**
- Milch, **2–3 EL**
- mittelscharfer Senf
- Honig
- Instant-Gemüsebrühe
- Salz
- schwarzer Pfeffer
- Currypulver (oder Garam Masala)
- Chilipulver
- getrockneter Oregano
- getrockneter Estragon
- Lorbeerblätter
- Alufolie

## SPEISEPLAN:

**SAMSTAG**
ROHKOSTSALAT MIT ROTE-LINSEN-SENF-DRESSING

**SONNTAG**
GEGRILLTE HACKFLEISCH-RÖLLCHEN MIT JOGHURT-GURKEN

**MONTAG**
BASILIKUM-HÜHNCHEN-BRÜSTE IM TOMATENBAD

**DIENSTAG**
GEBACKENER SPARGEL MIT KÄSESCHNITZELCHEN

**MITTWOCH**
BLUMENKOHL-CURRY MIT KARTOFFELN

**DONNERSTAG**
MÖHREN-TOMATEN-SÜPPCHEN MIT ORANGEN-LACHS

**FREITAG**
BROKKOLI-PFANNE MIT SPAGHETTI

# ROHKOST SALAT
## MIT ROTE-LINSEN-
## SENF-DRESSING

⏱ 30 Minuten  ▢ 11 g E / 19 g F / 33 g KH = 359 kcal p. P.

- 2 kleine rote oder weiße Zwiebeln, *klein gewürfelt*
- 5 EL Olivenöl
- 150 g rote Linsen
- 300 ml Gemüsebrühe
- 125 g Rucola, *Stiele entfernt*
- 1 Bund Frühlings- möhrchen (etwa 500 g), *in Scheiben oder Stiften* + etwas Grün, *gehackt*
- 1 rote Paprikaschote, *in Streifen*
- 1–2 Kohlrabiknollen (250 g), *in Stiften*
- 1 TL mittelscharfer Senf
- 1 EL Honig
- 1 EL Weißweinessig
- außerdem: Salz, schwarzer Pfeffer

1. Zwiebelwürfel in 2 EL erhitztem Öl 1 Minute andünsten. Linsen einstreuen und kurz dünsten. Mit Gemüsebrühe aufgießen und die Linsen bei kleiner Hitze und gelegentlichem Rühren in 8 bis 9 Minuten weichgaren. Die Pfanne beiseiteziehen und die Linsen in der verbliebenen Flüssigkeit kurz abkühlen lassen.

2. Rucola breitflächig auf die Teller verteilen. Möhren, Paprika und Kohlrabi darauf anrichten.

3. Senf mit Honig, 3 EL Olivenöl sowie dem Weißweinessig verrühren und mit dem abgekühlten Pfanneninhalt vermengen. Mit Salz und Pfeffer würzen und die Rohkostteller damit löffelweise überziehen. Mit Möhrengrün bestreuen.

**VARIANTE:** Das Dressing mit Ajvar (Paprikapaste) anstatt mit Senf zubereiten.

# GEGRILLTE HACKFLEISCHRÖLLCHEN MIT JOGHURT-GURKEN

**So**

⏱ 30 Minuten  ▢ 23 g E / 26 g F / 8 g KH = 407 kcal p. P.

- 4 Knoblauchzehen,
  *gepresst*
- 400 g Rinderhackfleisch
- 2 EL Pflanzenöl
- 1 Salatgurke,
  *ohne Schale, längs halbiert, Kerne mit dem Löffel ausgeschabt*
- 500 g griechischer Joghurt
- 1 EL Olivenöl
- 1 kleine Zwiebel,
  *klein gewürfelt*
- 1 kleines Bund Petersilie,
  *klein gehackt*
- außerdem: Chilipulver, Salz, schwarzer Pfeffer

1. Die Hälfte des Knoblauchs mit dem Hackfleisch verkneten und alles kräftig mit Salz, Pfeffer und Chilipulver würzen.

2. Aus dem Fleischteig mit befeuchteten Händen etwa 8 bis 12 daumengroße Rollen formen. Einen großen Teller mit Frischhaltefolie überziehen, die Hackfleischröllchen darauflegen und diese rundherum mit Pflanzenöl bestreichen. Mit Folie abdecken und im Kühlschrank marinieren lassen.

3. Die Gurkenhälften grob raspeln und zum Trocknen auf Küchenpapier legen.

4. Joghurt mit Olivenöl, Zwiebelwürfeln, restlichem gepressten Knoblauch, Petersilie und Gurkenraspeln vermischen. Mit Salz und Pfeffer würzen. Bis zum Gebrauch abdecken und im Kühlschrank durchziehen lassen.

5. Backofen auf 200 °C (Umluft 180 °C) mit Grillstufe vorheizen. Ein Backblech mit Alufolie auslegen und die Hackfleischröllchen darauflegen. Die Hackfleischröllchen etwa 10 Minuten grillen. Zwischendurch wenden. Mit den Joghurt-Gurken servieren.

**TIPP:** Zwiebelstreifen in einer Pfanne braten und über das Gericht streuen.

# BASILIKUM-HÜHNCHENBRÜSTE IM TOMATENBAD

**Mo**

- 1 EL Olivenöl
- 500 g Hühnchenbrüste (ohne Knochen), *gewaschen*
- Saft von 1 Zitrone
- 1 kleines Bund Basilikum, *in Streifen*
- 250 g aromatische Tomaten, *in dünnen Scheiben*
- 1 Tetrapak/Dose gestückelte Tomaten (500 g)
- 125 g Mozzarella, *in dünnen Scheiben*
- **außerdem:** Salz, schwarzer Pfeffer, getrockneter Oregano, 500 g Bandnudeln als Beilage

⧗ 50 Minuten  ⧗ 28 g E / 11 g F / 7 g KH = 247 kcal p. P. (o. Beilage)

1. Backofen auf 200 °C (Umluft 180 °C) vorheizen und eine Auflaufform mit Olivenöl ausstreichen. Hühnchenbrüste mit Zitronensaft beträufeln, mit Salz und Pfeffer würzen und in der Hälfte der Basilikumstreifen wenden.

2. Die Hälfte der Tomatenscheiben auf dem Boden der Form verteilen und mit Salz und Pfeffer würzen, dann die Hühnchenbrüste daraufsetzen.

3. Gestückelte Tomaten mit Salz, Pfeffer und Oregano würzen und über die Hühnchenbrüste geben. Darauf die restlichen frisch geschnittenen Tomatenscheiben anrichten, mit dem restlichen Basilikum bestreuen und mit Mozzarella belegen. Die Hühnchenbrüste im Backofen etwa 30 Minuten garen. Nach ca. 15 Minuten die Bandnudeln bissfest garen. Hühnchenbrüste mit den Bandnudeln servieren.

**TIPP:** Die Hühnchenbrüste müssen vollständig mit Flüssigkeit bedeckt sein. Gegebenenfalls noch etwas Gemüsebrühe oder Rotwein zugießen.

# GEBACKENER SPARGEL MIT KÄSE-SCHNITZELCHEN

Di

⏱ 40 Minuten ▣ 34 g E / 28 g F / 15 g KH = 467 kcal p. P. (o. Beilage)

- 800 g weißer Spargel, *geschält*
- 1 kleines Bund gemischte Kräuter, *klein gehackt*
- 2–3 EL Gemüsebrühe oder Weißwein
- 50 g zimmerwarme Butter
- 8 dünne kleine Schweineschnitzel (etwa 400 g)
- etwa 50 g Mehl
- 2 Eier
- 2–3 EL Milch oder Wasser
- 50 g geriebener Parmesan
- 2 EL Pflanzenöl
- außerdem: Salz, Pfeffer, 500 g Kartoffeln als Beilage, 4 große Alufolienblätter

1. Backofen auf 200 °C (Umluft 180 °C) vorheizen. Alufolienblätter mit etwas Butter bestreichen und die Spargelstangen darauf verteilen.

2. Spargelportionen mit Salz und Pfeffer würzen, mit Kräutern bestreuen, mit etwas Gemüsebrühe oder Weißwein beträufeln und die Butter als Flöckchen darauf verteilen, einen kleinen Rest aufbewahren. Die Alufolienblätter nach oben gut verschließen. Die Spargelpakete auf ein Backblech legen und etwa 25 Minuten im Backofen garen.

3. In der Zwischenzeit die Kartoffeln in einem Topf mit Salzwasser bedecken und in ca. 20 Minuten garen. Die Schweineschnitzel mit Salz und Pfeffer würzen und in Mehl wenden. Die Eier mit etwas Milch oder Wasser verquirlen und den Käse unterrühren.

4. Die Schnitzelchen durch die Eier-Käse-Mischung ziehen und in erhitztem Öl und restlicher Butter von beiden Seiten kurz anbraten, bei kleiner Hitze 4 bis 5 Minuten fertig braten. Alles zusammen servieren.

# BLUMENKOHL-
# CURRY MIT
# KARTOFFELN

⏱ 40 Minuten   📊 7 g E / 18 g F / 33 g KH = 331 kcal p. P.

- 2 EL Butter
- 1 Blumenkohlkopf
  (etwa 500 g),
  *in Röschen geteilt*
- 1 kleine Zwiebel,
  *klein gewürfelt*
- 1 Stück Ingwer (2–3 cm),
  *klein gewürfelt*
- 1 TL Currypulver oder
  Garam Masala
- 1 Msp. Chilipulver
- 500 g Kartoffeln, *geschält,
  in mundgerechten Stücken*
- 250 g Tomaten,
  *in dünnen Scheiben*
- 250 ml Gemüsebrühe
- 1 kleines Bund
  Koriander oder Petersilie,
  *klein gehackt*
- 250 ml Kokosnussmilch
  (Tetrapak)
- außerdem:
  Salz, schwarzer Pfeffer

1. In einem größeren beschichteten Topf oder in einem Wok 1 EL Butter erhitzen und darin die Blumenkohlröschen 1 bis 2 Minuten braten, herausnehmen.

2. 1 EL Butter in den Bratensatz geben und darin die Zwiebel- und Ingwerwürfel 1 Minute dünsten. Garam Masala sowie etwas Chilipulver einrühren und die Kartoffelstücke hinzufügen. Die Kartoffeln etwa 6 bis 8 Minuten von allen Seiten braten. Tomaten und Blumenkohlröschen beigeben und alles mit Gemüsebrühe begießen.

3. Nach dem ersten Aufkochen die Hitze zurückdrehen und das Curry etwa 20 Minuten leicht köcheln lassen. Dabei mit Salz und Pfeffer würzen und die Hälfte des Koriander bzw. der Petersilie einrühren und mitkochen.

4. Kurz vor Ende der Garzeit die Kokosnussmilch zugießen und 1 bis 2 Minuten weiter kochen lassen. Nochmals abschmecken, mit restlichen Kräutern bestreuen und servieren.

**LEICHTERE VARIANTE**: Kokosnussmilch weglassen und die Menge der Gemüsebrühe auf ca. 500 ml erhöhen.

**Di**

**SO BLEIBT SPARGEL FRISCH:**
Wickeln Sie den ungeschälten Spargel in ein feuchtes Küchentuch. Im Gemüsefach des Kühlschranks hält er sich so 4 Tage.

**Mi**

**KORIANDER GIBT DIE WÜRZE:**
Das scharfbittere Kraut ist nicht jedermanns Sache – Petersilie ist ein Ersatz.

Do

**FRISCH vs. DOSE:** Sonnengereifte Tomaten sind ab dem Spätsommer erhältlich. Außerhalb der Saison sind Dosentomaten die bessere Wahl, die sind aromatischer als Treibhaustomaten.

6

**NUR KURZ GAREN:** Die hitzeempfindlichen Vitamine im Brokkoli bleiben so besser erhalten.

Fr

# MÖHREN-TOMATEN SÜPPCHEN MIT ORANGEN-LACHS

**Do**

⏱ 40 Minuten  🍴 17 g E / 15 g F / 14 g KH = 266 kcal p. P.

- 1 kleine Zwiebel, *klein gewürfelt*
- 3 EL Olivenöl
- 250 g Frühlingsmöhren, *klein gewürfelt* + *etwas Grün, gehackt*
- 250 g aromatische Tomaten, *klein gewürfelt*
- 1 Tetrapak/Dose ge-stückelte Tomaten (500 g)
- ½ TL getrockneter Estragon
- 500 ml Gemüsebrühe
- 2 Lorbeerblätter
- 250 g aufgetautes TK-Lachsfilet, *in mund-gerechten Stücken*
- 1 Bio-Orange, *geschält und in Filets geteilt,* etwas Abrieb und 1 EL Saft
- außerdem: Salz, schwarzer Pfeffer

1. **Zwiebelwürfel in 2 EL erhitztem Öl 1 Minute andünsten. Möhren hinzufügen und weitere 2 Minuten dünsten.**

2. **Tomatenstücke, frische und aus der Dose, einrühren. Alles mit Salz, Pfeffer sowie mit Estragon würzen und mit Gemüsebrühe aufgießen. Lorbeerblätter einlegen und den Topfinhalt bei kleiner Hitze etwa 20 Minuten leicht köcheln lassen.**

3. **Lachs mit Salz und Pfeffer würzen und in 1 EL erhitztem Oliven-öl von jeder Seite anbraten, bei geringer Hitze 1 bis 2 Minuten ziehen lassen.**

4. **Suppe nochmals abschmecken und mit einem Pürierstab je nach gewünschter Konsistenz zerkleinern. Die Lachsstückchen mit Orangensaft beträufeln, mit Abrieb bestreuen und die Oran-genfilets darauflegen. Suppe darübergießen und mit Möhren-grün garnieren.**

TIPP: Die Suppe kann auch ausschließlich aus frischen Tomaten hergestellt werden, dafür müssen sie aber hocharomatisch sein.

# BROKKOLIPFANNE
## MIT SPAGHETTI

**Fr**

⏱ 30 Minuten   🍴 22 g E / 15 g F / 86 g KH / 5 g BE = 668 kcal p. P.

- 500 g Brokkoli,
  *in Röschen geteilt* + Stiele,
  *in dünnen Scheiben*
- 500 g Spaghetti
- 1 kleine Zwiebel,
  *klein gewürfelt*
- 2 Knoblauchzehen,
  *klein gewürfelt*
- 2 EL Olivenöl
- 250 ml Gemüsebrühe
- 150 ml Kochsahne
  (15 % Fett)
- 50 g Parmesan,
  *fein gehobelt*
- außerdem:
  Salz, schwarzer Pfeffer

1. Brokkoliröschen und -scheibchen in Salzwasser kurz aufkochen lassen, in ein Sieb abgießen, mit kaltem Wasser abschrecken und abtropfen lassen.

2. Die Spaghetti in reichlich kochendes Salzwasser geben und in etwa 12 Minuten bissfest garen.

3. Zwiebel- und Knoblauchwürfel in erhitztem Öl in einer größeren Pfanne mit hohem Rand 1 Minute andünsten. Brokkoliröschen und -scheibchen hinzufügen, nur kurz anbraten und mit Salz und Pfeffer würzen. Mit Gemüsebrühe ablöschen und einige Minuten leise kochen lassen.

4. Kochsahne hinzufügen und nochmals abschmecken. Mit einem Pürierstab zerkleinern, sodass noch Brokkolistücke bleiben.

5. Spaghetti mit der Brokkolisauce überziehen und mit Parmesan bestreuen.

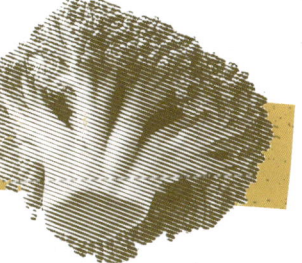

**KALORIENSPARTIPP:** Der gegarte Brokkoli kann auch mit der Gemüsebrühe so sämig püriert werden, dass zusammen mit etwas Käse eine wunderbare Sauce entsteht.

# 7

zur Online-
Einkaufsliste

Bei sommerlichen Temperaturen ist eine leichte Küche ideal, mit frischen Gerichten, die nicht belasten. Mit einer bunten Mischung aus gesundem Gemüse und Früchten, die jetzt Saison haben, können Sie den Sommer aktiv genießen.

## SPEISEPLAN:

**SAMSTAG**
SPINATSALAT MIT FRÜCHTEN UND PFIFFERLINGEN

**SONNTAG**
ERDNUSSBROKKOLI MIT FETA-FRIKADELLCHEN

**MONTAG**
ZITRONIGE HÄHNCHENFILETS AUF ZUCCHINI-PASTA

**DIENSTAG**
THUNFISCH-BLÄTTERTEIG MIT BASILIKUM-TOMATEN-SALAT

**MITTWOCH**
GRÜNES SPARGELRISOTTO MIT PROSECCO

**DONNERSTAG**
KALTE KRÄUTER-GURKEN-SUPPE MIT PFEFFER-LACHS-HÄPPCHEN

**FREITAG**
CURRY-NUDELPFANNE MIT FENCHEL-SAFRAN-SAUCE

## EINKAUFSLISTE:

- Babyspinat, **400 g**
- Möhren, **200 g**
- Fenchel, **1 Knolle**
- Tomaten, **700 g**
- Zucchini, **400 g**
- Salatgurken, **500 g**
- Paprikaschote (gelb), **1 kleine**
- Pfifferlinge, **200 g**
- Brokkoli, **500 g**
- grüner Spargel, **500 g**
- Zwiebeln, **7 kleine**
- gemischte Kräuter (Petersilie, Dill, Kerbel, Basilikum, Schnittlauch, je nach Saison), **½ kleines Bund**
- Zitronenmelisse, **1 kleines Bund**
- Basilikum, **1 kleines Bund**
- rote Johannisbeeren, **200 g**
- Erdbeeren, **250 g**
- Zitronen, **2 (davon 1 Bio)**
- gemischtes Hackfleisch, **500 g**
- Hähnchenbrustfilet, **400 g**
- Thunfisch in eigenem Aufguss, **1 Dose (Abtropfgewicht 150 g)**
- Lachsfilet (TK), **250 g**
- Eier, **2**
- Fetawürfel (in Olivenöl eingelegt), **1 kleines Glas (etwa 250 g)**
- Naturjoghurt (griechischer), **300 g**
- Erdnüsse (gesalzen oder ungesalzen), **50 g**
- Bandnudeln (z. B. Tagliatelle), **1 Packung (500 g)**
- Risottoreis, **300 g**
- Blätterteig (TK), **300 g**

## AUS DEM VORRAT:

- Olivenöl
- Pflanzenöl
- Weißweinessig
- Prosecco oder Weißwein
- Butter
- mittelscharfer Senf
- Honig
- Zucker
- Instant-Gemüsebrühe
- Salz
- schwarzer Pfeffer
- bunter Pfeffer
- Cayennepfeffer
- getrockneter Thymian
- Currypulver
- Safranfäden
- Chilipulver

# **Sa** SPINAT**SALAT** MIT FRÜCHTEN UND PFIFFERLINGEN

- 1 TL Butter
- 1 kleine Zwiebel, *klein gewürfelt*
- 200 g frische Pfifferlinge, *gleich groß geschnitten*
- 1 EL Honig
- 2 EL Weißweinessig
- 4 EL Olivenöl
- 400 g pflückfrischer Babyspinat, *gewaschen und abgetropft*
- 200 g rote Johannisbeeren, *Beeren abgezupft*
- 250 g Erdbeeren, *halbiert*
- außerdem: Salz, schwarzer Pfeffer

⏲ 30 Minuten   🍽 4 g E / 17 g F / 15 g KH = 242 kcal p. P.

1. Butter in einer Pfanne heiß schäumend erhitzen und darin die Zwiebelwürfel andünsten. Pfifferlinge einstreuen und so lange braten, bis die Pilzflüssigkeit aufgesogen ist. Mit Salz und Pfeffer würzen.

2. Aus Honig, Weißweinessig und Olivenöl eine Marinade rühren und diese mit Salz und Pfeffer würzen.

3. Spinat und Johannisbeeren mit der Marinade locker vermengen und breitflächig auf 4 Teller verteilen. Pfifferlinge daraufgeben, mit den Erdbeerhälften garnieren.

BABYSPINAT-INFO: Babyspinat oder auch junger Spinat ist besonders früh geernteter Spinat. Er ist zarter als der Winterspinat und eignet sich daher hervorragend für Salate.

# So ERDNUSS-BROKKOLI MIT FETA-FRIKADELLCHEN

⏱ **40 Minuten** · 37 g E / 57 g F / 5 g KH = 691 kcal p. P.

- 500 g gemischtes Hackfleisch
- ½ TL getrockneter Thymian
- ½ kleines Glas Fetawürfel in Olivenöl, *zerkleinert* (Die andere Hälfte wird für die Curry-Nudeln am Freitag, Seite 111, benötigt.)
- 5 EL Pflanzenöl
- 500 g Brokkoli, *in Röschen geteilt* + Stiele, *quer in dünnen Scheiben*
- 50 g Erdnüsse (gesalzen oder ungesalzen)
- außerdem: Salz, schwarzer Pfeffer

1. Hackfleisch mit Salz, Pfeffer und Thymian würzen, in acht Portionen teilen und flach drücken. Jeweils etwas Feta darauflegen und diesen rundherum mit dem Hackfleisch umhüllen. Die gefüllten Frikadellchen mit 1 EL Pflanzenöl bepinseln und in den Kühlschrank stellen.

2. Brokkoliröschen und -scheibchen in kochendes Salzwasser geben, einmal aufkochen lassen und in einem Sieb abgießen, kalt abbrausen.

3. Frikadellchen in 2 EL erhitztem Öl von jeder Seite knusprig anbraten. Bei reduzierter Hitze etwa 10 Minuten fertig braten.

4. Parallel dazu die Brokkoliröschen und -scheibchen in 2 EL erhitztem Öl von allen Seiten braten. Die Erdnüsse einstreuen und alles mit Salz und Pfeffer würzen.

5. Den Erdnussbrokkoli breitflächig auf Teller verteilen und jeweils 2 Frikadellchen daraufgeben. Mit etwas Olivenöl aus dem Fetaglas beträufeln.

# ZITRONIGE HÄHNCHENFILETS AUF ZUCCHINIPASTA

⏲ **40 Minuten**  📋 **26 g E / 13 g F / 50 g KH = 434 kcal p. P.**

- 400 g Hähnchenbrustfilet, *gewaschen*
- Abrieb und Saft von 1 Bio-Zitrone
- 4 EL Olivenöl
- 200 g Tomaten, *kreuzweise eingeritzt*
- 250 g Bandnudeln (z. B. Tagliatelle)
- 1 TL Butter
- 1 kleines Bund Zitronenmelisse, *in Streifen*
- 1 kleine Zwiebel, *klein gewürfelt*
- 200 g Zucchini, *in Stiften*
- außerdem: Salz, schwarzer Pfeffer

**TIPP:** Die Hähnchenbrustfilets nach dem Braten quer in Streifen schneiden. So lassen sie sich besser unter die Nudeln mischen.

1. **Die Hähnchenbrustfilets mit Pfeffer würzen und in eine kleine Schüssel legen. Mit einer Mischung aus Zitronensaft und Zitronenschale sowie 1 EL Olivenöl beträufeln. Mit Folie abdecken und zum Marinieren für 20 Minuten in den Kühlschrank stellen.**

2. **Die Tomaten in kochendes Wasser legen. Sobald sich die Häute sichtbar lösen, mit kaltem Wasser übergießen und häuten. Dann in Viertel schneiden und mit einem Messer die Kerne herauskratzen. Die Tomatenviertel in Längsstreifen schneiden.**

3. **Die Bandnudeln in kochendes Salzwasser geben und bissfest garen. Hähnchenbrustfilets aus der Marinade nehmen und in 1 EL erhitztem Öl 5 bis 6 Minuten braten; dabei mit Salz würzen. Filets aus der Pfanne nehmen, die Marinierflüssigkeit hineingeben, mit Salz und Pfeffer würzen, die Butter sowie die Zitronenmelissestreifen hinzufügen und die Pfanne beiseiteziehen.**

4. **Zwiebelwürfel und Zucchinistifte in einer zweiten Pfanne in 2 EL erhitztem Öl andünsten. Tomatenstreifen einstreuen und alles mit Salz und Pfeffer würzen. Die Bandnudeln unter das Gemüse heben.**

5. **Die Gemüsenudeln nochmals abschmecken und auf 4 Teller verteilen. Je 1 Hähnchenbrustfilet daraufgeben. Den entstandenen Bratensaft in die Zitronensauce rühren, nochmals abschmecken und diese über die Fleischstücke träufeln.**

**DIP-TIPP:** Mittelscharfer Senf passt gut zu den Feta-Frikadellchen.

**HIER KÖNNEN RESTE REIN:** Frühlingszwiebeln, Möhren, Brokkoli ...fast alles passt in die sommerliche Gemüsepasta.

So

Mo

**KREATIVE FÜLLUNG:** Statt mit Thunfisch können die Blätterteigpäckchen auch mit Feta, Salami, Schinken, Gemüse oder Hackfleisch gefüllt werden.

Di

**MIT CLOU:** Durch das Pürieren der Spargelstangen wird das Risotto grasgrün gefärbt und schmeckt noch cremiger und intensiver nach Spargel.

Mi

7

# THUNFISCH-BLÄTTERTEIG MIT BASILIKUM-TOMATEN-SALAT

⏱ **40 Minuten** · 17 g E / 36 g F / 39 g KH = 555 kcal p. P.

- 1 Dose Thunfisch in eigenem Aufguss (Abtropfgewicht 150 g, mit MSC-Siegel), *mit einer Gabel zerpflückt*
- 1 kleines Bund Basilikum, *Blätter klein gehackt*
- 3 kleine Zwiebeln, *1 klein gehackt, 2 in Streifen*
- Saft von ½ Zitrone
- 300 g aufgetauter TK-Blätterteig (4 Scheiben)
- 2 Eigelb (Gr. S)
- 500 g Tomaten, *in Scheiben*
- ½ TL mittelscharfer Senf
- 3 EL Olivenöl
- 2 EL Weißweinessig
- außerdem: Salz, Pfeffer, Zucker

1. Den Backofen auf 200 °C (Umluft 180 °C) vorheizen und ein Blech mit Backpapier auslegen.

2. Thunfisch mit ⅓ des gehackten Basilikums sowie Zwiebelwürfeln gut vermengen. Mit Salz, Pfeffer und Zitronensaft würzen. Die Blätterteigscheiben quer halbieren und die Teigränder mit Eigelb bestreichen.

3. Die Thunfisch-Basilikum-Mischung auf einer Hälfte jeder Teigportion verteilen, dabei die Ränder freilassen. Die leeren Teigflächen darüberklappen und die Ränder fest zusammendrücken. Die Blätterteig-Päckchen auf das Backblech legen, mit dem restlichen Eigelb bepinseln und etwa 20 Minuten goldgelb backen.

4. Tomaten, Zwiebelstreifen und restliches Basilikum in einer Schüssel locker vermengen. Senf mit Olivenöl, Weißweinessig, einer Prise Zucker, Salz und Pfeffer zu einer pikanten Marinade vermischen und mit dem Tomatensalat vermengen. Knusprig gebackene Blätterteigteilchen mit dem Salat servieren.

**SO GEHT'S AUCH:** Die Blätterteigscheiben können auch »offen« belegt werden, d. h. kleine handliche Rechtecke ausschneiden, diese mit Thunfischmischung belegen, mit etwas Olivenöl beträufeln und im Backofen 15 bis 20 Minuten backen.

# GRÜNES SPARGEL-RISOTTO MIT PROSECCO

- 1 Prise Zucker
- 4 TL Butter
- 500 g grüner Spargel,
  *in 2 cm großen Stücken,
  Spitzen abgeschnitten*
- 1 kleine Zwiebel,
  *klein gewürfelt*
- 2 EL Olivenöl
- 300 g Risottoreis
- 125 ml Prosecco oder
  trockener Weißwein
- außerdem:
  Salz, schwarzer Pfeffer

⏱ 50 Minuten  🍽 8 g E / 13 g F / 62 g KH = 423 kcal p. P.

1. Salz, Zucker und 1 TL Butter in 1½ l kochendes Wasser geben. Spargelspitzen einlegen und 1 Minute leise kochen lassen. Mit einem Schaumlöffel herausnehmen, mit kaltem Wasser abschrecken und abtropfen lassen.

2. Spargelstangenstücke in das Kochwasser geben und in etwa 15 Minuten bei kleiner Hitze weich garen. Beim Abgießen die Brühe auffangen. Die Spargelstücke mit einem Pürierstab zerkleinern und beiseitestellen.

3. Zwiebelwürfel in erhitztem Olivenöl sowie 2 TL Butter glasig andünsten. Risottoreis hinzufügen und unter Rühren andünsten. Nach und nach mit Prosecco oder Weißwein ablöschen, immer wieder rühren, bis die Flüssigkeit fast verdampft ist.

4. Das Risotto mit insgesamt etwa 1 l Spargelsud nach und nach angießen und unter Rühren ca. 20 Minuten einkochen lassen. Das grüne Spargelpüree mit 1 TL Butter unterrühren und alles mit Salz und Pfeffer würzen. Zuletzt die Spargelspitzen unterheben.

**OHNE ALKOHOL:**
Prosecco oder Wein können durch mehr Spargelsud ersetzt werden.

7

# KALTE KRÄUTER-GURKEN-SUPPE MIT PFEFFER-LACHS-HÄPPCHEN

**Do**

- 500 g Salatgurken, *ohne Schale und Kerne, grob gewürfelt*
- 300 g Naturjoghurt (vorzugsweise griechischer Joghurt mit mindestens 3,5 % Fettgehalt)
- Saft von ½ Zitrone
- 1 EL Butter
- 250 g TK-Lachsfilet, *aufgetaut, in 1 cm großen Stücken*
- ½ kleines Bund gemischte Kräuter (Petersilie, Dill, Oregano, Basilikum), *gehackt*
- 1 kleine gelbe Paprikaschote, *klein gewürfelt*
- 1 Msp. Cayennepfeffer
- außerdem: Salz, grob gestoßener bunter Pfeffer (ersatzweise schwarzer), schwarzer Pfeffer

⏱ 30 Minuten   14 g E / 7 g F / 9 g KH = 153 kcal p. P.

1. Salatgurkenstücke leicht salzen und 10 Minuten ruhen lassen. Mit Küchenpapier trocken tupfen und im Küchenmixer oder mit dem Pürierstab mit Joghurt und Zitronensaft vermengen. Mit Pfeffer würzen, mit Folie abdecken und in den Kühlschrank stellen.

2. Lachsfiletstücke mit Salz würzen und im grob gestoßenen bunten Pfeffer wälzen. Butter in einer Pfanne erhitzen, die Lachsstücke einlegen und diese von allen Seiten 1 bis 2 Minuten braten. Leicht abkühlen lassen.

3. Lachsstücke in 4 Schalen verteilen. Die Gurkensuppe kräftig durchrühren, Kräuter und Paprikastücke unterheben und über die Lachsstücke verteilen. Mit etwas Cayennepfeffer bestäuben.

# CURRY-NUDELPFANNE MIT FENCHEL-SAFRAN-SAUCE

- 250 g Bandnudeln (½ Paket)
- 1 kleine Zwiebel, *klein gewürfelt*
- 2 EL Pflanzenöl
- 200 g Möhren, *ohne Schale, in dünnen Streifen*
- 200 g Zucchini, *in dünnen Streifen*
- 1 Fenchelknolle, *in schmalen Streifen* + Fenchelgrün, *gehackt*
- ¼ TL Currypulver
- 250 ml Gemüsebrühe
- ½ Glas in Olivenöl eingelegte Fetawürfel
- außerdem: Salz, schwarzer Pfeffer, ein paar Safranfäden, Chilipulver

⏱ 30 Minuten  🍴 10 g E / 15 g F / 18 g KH = 252 kcal p. P.

1. Die Bandnudeln in heiß siedendes Salzwasser geben und bissfest garen. Zwiebelwürfel in erhitztem Öl andünsten. Möhren, Zucchini und Fenchel einstreuen und alles unter gelegentlichem Rühren einige Minuten dünsten lassen. Mit Salz, Pfeffer sowie Currypulver würzen und mit Gemüsebrühe aufgießen. Safranfäden und einen Teil des Fenchelgrüns einrühren.

2. Nudeln unter das Gemüse schwenken. Nochmals abschmecken und in tiefe Teller verteilen. Die Fetawürfel in einem Sieb abtropfen lassen, mittig auf die Nudeln verteilen und mit Chilipulver bestäuben. Das restliche Fenchelgrün zum Garnieren verwenden.

**RESTETIPP:** Am Ende der Woche sind vielleicht noch kleine Gemüsereste übrig, die in dieser pikanten Nudelpfanne verarbeitet werden können.

# 8

zur Online-
Einkaufsliste

Sommerliche Gerichte voller Frische, die bei hohen Temperaturen leicht schmecken und auch schnell zubereitet sind, gibt es in diesem Wochenplan. Kräuter bringen viel Grün auf die Teller, und in der Küche duftet es wie im Kräutergarten.

## EINKAUFSLISTE:

- Salatgurke, **1 (etwa 400 g)**
- Möhren, **250 g**
- Kartoffeln (festkochend), **750 g**
- Kopfsalat, **1**
- Rucola, **125 g**
- Paprikaschoten, **8 rote (etwa 1250 g) und 1 gelbe**
- Tomaten, **250 g**
- Stangensellerie, **1 kleine Staude**
- Zucchini, **1 (etwa 200 g)**
- milde hellgrüne Peperoni, **250 g**
- Zwiebeln, **6 kleine**
- Knoblauch, **6 Zehen**
- Petersilie, **1 kleines Bund**
- Minze, **1 kleines Bund**
- Basilikum (wenn Pesto frisch zubereitet wird), **1 großes Bund**

- Dill, **1 kleines Bund**
- gemischte Kräuter (Petersilie, Dill, Kerbel, Basilikum, Schnittlauch, je nach Saison), **1 kleines Bund**
- Zitronen, **4 (davon 1 Bio)**
- TK-Erbsen, **250 g**
- Kichererbsen, **1 Dose (ATG 265 g)**
- Sesampaste (Tahin), **1 kleines Glas (max. 150 g)**
- eingelegte Kapern, **1 kleines Glas (ATG 60 g)**
- gestückelte Tomaten, **1 Tetrapak / Dose (500 g)**
- Risottoreis, **250 g**
- Pinienkerne (wenn Pesto frisch zubereitet wird), **50 g**
- Pecorino (gerieben), wenn Pesto frisch zubereitet wird **100 g**, sonst **50 g**

- Mozzarella, **220 g (ATG 125 g)**
- Putensteaks, **400 g**
- Rinderhackfleisch, **400 g**
- Thunfisch im eigenen Saft, **1 Dose (ATG 150 g)**
- gekochter Schinken, **100 g**
- luftgetrockneter Schinken (hauchdünn geschnitten), **100 g**
- Eier, **4**
- Schlagsahne, **1 Becher (200 g)**
- TK-Seelachsfilet, **400 g**
- gemischte TK-Kräuter, **1 Päckchen**
- Brötchen, **1**
- Aufbackbaguette, **1**
- **optional:** fertiger Pizzateig, Pesto (1 Glas)

......................................

## AUS DEM VORRAT:

- Olivenöl
- Pflanzenöl
- Balsamessig
- Weißweinessig
- Weißwein
- Butter
- Mehl (mind. ½ Paket)
- Zucker
- Trockenhefe
- Instant-Gemüsebrühe
- Salz, Meersalz
- schwarzer Pfeffer
- Cayennepfeffer
- Zimt
- Kreuzkümmel
- edelsüßes und rosenscharfes Paprikapulver
- getrockneter Oregano

## SPEISEPLAN:

**SAMSTAG**
SOMMERPIZZA
MIT RUCOLA

**SONNTAG**
MINZE-HACKBÄLLCHEN
MIT HUMMUS

**MONTAG**
GEMISCHTER SALAT
MIT PESTO
UND GEMÜSESTICKS

**DIENSTAG**
KARTOFFEL-SEELACHS-
AUFLAUF MIT GURKENSALAT

**MITTWOCH**
PUTENSTEAKS MIT THUN-
FISCHSAUCE UND PEPERONI

**DONNERSTAG**
RISOTTO MIT SCHINKEN UND
ERBSEN

**FREITAG**
KALTE PAPRIKA-TOMATEN-
SUPPE MIT KRÄUTER-EIERN

# SOMMERPIZZA
## MIT RUCOLA **Sa**

🕐 45 Min. + 55 Min. Ruhezeit　📊 33 g E / 24 g F / 103 g KH = 776 kcal p. P. (¼ Backblech)

**Für 1 Backblech:**
**Für den Teig:**
- 500 g Mehl
- 1 Päckchen Trockenhefe oder ½ frischer Hefewürfel
- 1 Prise Zucker
- 250 ml lauwarmes Wasser
- etwas Olivenöl für das Backblech
- alternativ: Fertigteig aus dem Supermarkt

**Für den Belag:**
- 1 Tetrapak / Dose gestückelte Tomaten (500 g)
- je 1 rote und 1 gelbe Paprikaschote, *in schmalen Streifen*
- 100 g gekochter Schinken, *in dünnen Streifen*
- ½ TL getrockneter Oregano
- 125 g Mozzarella, *klein gewürfelt*
- 50 g geriebener Pecorino
- 125 g Rucola, *verlesen und gewaschen*
- 2 EL Olivenöl
- außerdem: Salz, schwarzer Pfeffer

1. Das Mehl in eine Schüssel sieben und eine Mulde hineindrücken. Die Trockenhefe einrieseln lassen oder die frische Hefe zerbröckeln, mit Zucker bestreuen und mit lauwarmem Wasser begießen. Mit etwas Mehl vom Rand bestäuben, die Schüssel mit einem Tuch abdecken und den Vorteig 20 Minuten ruhen lassen.

2. 1 TL Salz zugeben und den Vorteig zu einem geschmeidigen Teig kneten, mit einem Tuch abdecken und nochmals 20 Minuten ruhen lassen. Anschließend den Teig auf einer bemehlten Arbeitsfläche einige Male gut durchkneten und gleichmäßig auf Backblechgröße ausrollen.

3. Das Backblech mit Olivenöl auspinseln. Den Teig darauflegen und am Rand hochziehen. Den Teig nochmals für 15 Minuten ruhen lassen. Den Backofen auf 220 °C (Umluft 200 °C) vorheizen.

4. Die Teigfläche mit gestückelten Tomaten belegen. Paprika- und Schinkenstreifen darauf verteilen und alles mit Salz, Pfeffer und Oregano würzen.

5. Den Mozzarella zusammen mit dem geriebenen Käse über die Pizza streuen. Über die gesamte belegte Fläche etwas Olivenöl träufeln. Das Backblech in den vorgeheizten Backofen auf die mittlere Schiene schieben und die Pizza in etwa 25 Minuten backen.

6. Die Pizza aus dem Backofen nehmen, in Stücke schneiden und auf Teller verteilen. Den Rucola portionsweise darüberstreuen. Eventuell mit Salz und Pfeffer würzen.

**RUCOLA-TIPP:** Wem der pure Rucolage-schmack zu stark ist, kann die Blätter mit etwas Balsamessig, Olivenöl, Salz und Pfeffer anmachen und auf der Pizza verteilen.

8

# MINZE-
# HACKBÄLLCHEN
## MIT HUMMUS

**So**

⏱ 30 Minuten  🍽 31 g E / 56 g F / 30 g KH = 802 kcal p. P.

- 1 altbackenes Brötchen,
  *in kleinen Stücken*
- 400 g Rinderhackfleisch
- 2 kleine Zwiebeln,
  *klein gewürfelt*
- 2 Knoblauchzehen,
  *klein gewürfelt*
- 1 kleines Bund Minze,
  *Blätter in Streifen*
- 1 Msp. gemahlener Zimt
- 2 EL Mehl
- 1 Dose Kichererbsen
  (Abtropfgewicht 265 g),
  *abgetropft*
- 100 g Sesampaste (Tahin)
- Saft von 2 Zitronen
- 2 EL Olivenöl
- ½ TL Kreuzkümmel
- 5 EL Pflanzenöl
- **außerdem:**
  Salz, schwarzer Pfeffer,
  edelsüßes Paprikapulver

1. **Brötchenstücke mit 5 bis 8 EL heißem Wasser beträufeln und einweichen lassen.**

2. **Rinderhackfleisch mit dem eingeweichten Brot gut verkneten und dann die Hälfte der Zwiebel- und Knoblauchwürfel sowie die Hälfte der Minze einkneten. Den Fleischteig mit Salz, Pfeffer und Zimt würzen. Mit befeuchteten Händen etwa 12 Fleischbällchen formen und diese leicht in Mehl wenden.**

3. **Kichererbsen mit der Sesampaste, Zitronensaft, Olivenöl sowie mit den restlichen Zwiebel- und Knoblauchwürfeln im Mixer oder mit dem Pürierstab zerkleinern. Mit Salz, Pfeffer und Kreuzkümmel würzen, mit Folie abdecken und bis zum Gebrauch in den Kühlschrank stellen.**

4. **In einer größeren Pfanne das Pflanzenöl erhitzen und darin die Fleischbällchen von allen Seiten in 8 bis 9 Minuten braten. Die fertig gebratenen Fleischbällchen auf Küchenpapier entfetten und auf Teller verteilen. Das Hummus dazu anrichten, alles mit restlicher Minze betreuen und mit Paprikapulver bestäuben.**

**8**

**RESTETIPP:** Tahin, die arabische Paste aus Sesamsamen, eignet sich auch als Dip für Fladenbrot und Gemüsesticks (z. B. für das Montagsrezept, Seite 118) oder als Brotaufstrich. Sie können sie mit frischen Kräutern verfeinern.

# GEMISCHTER SALAT MIT PESTO UND GEMÜSESTICKS

⏱ 30 Minuten  🍽 10 g E / 36 g F / 10 g KH = 419 kcal p. P. (o. Beilage)

- 1 Kopfsalat, *in Stücke gezupft*
- 2 EL Olivenöl
- 1 EL Balsamessig
- 2 rote Paprikaschoten, *in Streifen*
- 1 kleiner Stangensellerie, *in Streifen*

- 1 Zucchini (etwa 200 g), *in Streifen*
- Für frisches Pesto:
- 50 g Pinienkerne
- 1 großes Bund Basilikum, *Blätter von den Stielen gezupft*
- 2 Knoblauchzehen, *klein gewürfelt*

- 50 g geriebener Pecorino
- 100 ml Olivenöl
- alternativ: 1 Glas fertiges Pesto
- außerdem: Salz, schwarzer Pfeffer, nach Wunsch Aufbackbaguette als Beilage

1. **Pesto:** Pinienkerne in einer beschichteten heißen Pfanne 1 bis 2 Minuten rösten, bis sie duften. Mit einem Pürierstab Basilikumblättchen mit Knoblauch, Pinienkernen, geriebenem Pecorino und Olivenöl zu einer geschmeidigen Sauce vermengen. Mit etwas Salz und Pfeffer würzen.

2. Das Baguette nach Packungsanweisung im Backofen aufbacken.

3. Den Kopfsalat mit 2 EL Olivenöl, Balsamessig, Salz und Pfeffer anmachen und auf Teller verteilen. Die Gemüsesticks darauf anrichten und alles löffelweise mit Pesto überziehen. Das Baguette in Scheiben schneiden und dazu servieren.

**LAGERUNG VON BLATTSALATEN:** Im Gemüsefach des Kühlschranks in einem Kunststoffbeutel oder in ein feuchtes Tuch gewickelt hält Blattsalat einige Tage.

# KARTOFFEL-SEELACHS-AUFLAUF
## MIT GURKENSALAT

**60 Minuten** · 22 g E / 28 g F / 47 g KH = 529 kcal p. P.

- 400 g TK-Seelachsfilet, *aufgetaut*
- Saft von 1 Zitrone
- 250 g Möhren, *in feinen Streifen*
- 750 g Kartoffeln, *ohne Schale, in dünnen Scheiben*
- 200 g Schlagsahne
- 250 ml Gemüsebrühe
- 1 TL gemischte TK-Kräuter
- 1 EL Butter
- 1 größere Salatgurke (etwa 400 g), *in dünnen Scheiben*
- 1 kleine Zwiebel, *klein gewürfelt*
- 1 kleines Bund Dill, *klein gehackt*
- 2 EL Pflanzenöl
- 1 EL Weißweinessig
- 1 Prise Zucker
- außerdem: Salz, schwarzer Pfeffer, etwas Butter für die Form

1. Den Backofen auf 200 °C (Umluft 180 °C) vorheizen und eine Auflaufform mit Butter ausfetten.

2. Die Fischfilets mit Zitronensaft beträufeln und mit Salz und Pfeffer würzen.

3. Immer eine Schicht Möhren, Kartoffeln und Fischfilets in die Form geben, die Kartoffeln bilden den Abschluss.

4. Sahne mit Gemüsebrühe und Kräutern verrühren und über den Auflauf gießen. Obenauf noch ein paar Butterflöckchen legen. Den Auflauf im Backofen in etwa 40 Minuten garen.

5. Gurkenscheiben, Zwiebelwürfel und Dill mit Pflanzenöl, Weißweinessig und Zucker locker vermengen. Mit Salz und Pfeffer würzen.

**SCHNELLER GEHT'S SO:** Die Kartoffeln als Salzkartoffeln kochen, die Fischfilets in der Pfanne braten und aus der Sahne sowie der Gemüsebrühe eine Sauce zubereiten. Gemüse als Beilage servieren.

8

**Mo**

**Di**

**DIP-TIPP:** Schmeckt auch mit dem Hummus vom Vortag.

**ZEIT SPAREN:** Der Auflauf lässt sich gut vorbereiten.

**Mi**

**RESTETIPP:** Die Sauce schmeckt als schnelles Mittagessen auch noch am nächsten Tag mit bissfest gegarten Bandnudeln.

**RISI E BISI:** Risotto mit Erbsen ist ein Klassiker der venezianischen Küche.

**Do**

8

# PUTENSTEAKS MIT THUNFISCHSAUCE UND GEBRATENEN PEPERONI

- 5 EL Olivenöl
- 1 kleine Zwiebel, *klein gewürfelt*
- 1 Knoblauchzehe, *klein gewürfelt*
- 250 ml Gemüsebrühe
- 1 Dose Thunfisch im eigenen Saft (ATG 150 g), *abgetropft, mit einer Gabel zerpflückt*
- 2 EL eingelegte Kapern (1 kleines Glas, ATG 60 g), *abgetropft*
- Saft und Abrieb von 1 Bio-Zitrone
- 1 kleines Bund Petersilie, *gehackt*
- 4 längliche milde hellgrüne Peperoni (etwa 250 g), *rundherum mit einer Gabel eingestochen*
- 400 g Putensteaks (8 kleine oder 4 große Steaks)
- **außerdem:** Salz, schwarzer Pfeffer, Cayennepfeffer, Meersalz

⏱ 30 Minuten  ▣ 46 g E / 20 g F / 7 g KH = 400 kcal p. P.

1. In einem kleinen Topf 1 EL Olivenöl erhitzen und darin die Zwiebel- und Knoblauchwürfel etwa 1 Minute andünsten. Mit Gemüsebrühe aufgießen, aufkochen lassen und den Thunfisch einrühren. Bei verminderter Hitze die Kapern einrühren. Dann mit Zitronensaft und -abrieb, Salz, Pfeffer und etwas Cayennepfeffer würzen.

2. Alles mit einem Pürierstab zu einer sämigen Sauce zerkleinern. Die Hälfte der Petersilie unterrühren und den Topf beiseiteziehen.

3. Peperoni in 2 EL erhitztem Öl etwa 4 Minuten von allen Seiten scharf anbraten. Bei mittlerer Hitze die Peperoni unter einem Deckel einige Minuten weiterbraten. Mit grobem Meersalz und Pfeffer würzen.

4. Die Putensteaks mit Salz und Pfeffer würzen und in 2 EL erhitztem Öl von jeder Seite 1 Minute scharf anbraten, bei kleinerer Hitze in 3 bis 4 Minuten fertig braten.

5. Je 1 großes oder 2 kleinere Putensteaks auf einen Teller geben und mit Thunfischsauce überziehen. Mit restlicher Petersilie bestreuen und je 1 gebratene Peperoni dazulegen.

# RISOTTO MIT SCHINKEN UND ERBSEN

⊠ **40 Minuten** ⊡ 13 g E / 20 g F / 55 g KH = 455 kcal p. P.

- 50 g Butter
- 1 kleine Zwiebel,
  *klein gewürfelt*
- 250 g Risottoreis
  (z. B. Arborio)
- 600 ml Gemüsebrühe oder
  500 ml Brühe + 100 ml
  Weißwein
- 250 g TK-Erbsen
- 100 g hauchdünn geschnittener luftgetrockneter
  Schinken (z. B. San Daniele
  oder Parmaschinken),
  *quer in 1 cm langen Streifen*
- außerdem:
  Salz, schwarzer Pfeffer

1. **Die Butter in einem breiten Topf erhitzen, bis sie schäumt und darin die Zwiebelwürfel unter Rühren kurz dünsten. Den Risottoreis einstreuen und 1 Minute durchrühren. Alles mit Salz und Pfeffer würzen.**

2. **Portionsweise nach und nach die Brühe (und den Wein) zum Reis geben, sodass der Reis immer wieder Zeit hat, sich mit Flüssigkeit vollzusaugen. Das Risotto ist fertig, wenn die Reiskörner außen cremig sind, aber noch im Kern Biss haben. Das dauert etwa 30 Minuten. Nach der Hälfte der Garzeit die Erbsen untermischen.**

3. **Auf vier tiefe Teller verteilen und mit Schinkenstreifen garnieren.**

**TIPP:** Lachsfilet anstelle des Schinkens schmeckt auch sehr gut in diesem Risotto. 250 g Filet in feine Streifen schneiden und für einige Minuten zum Ende der Kochzeit untermischen.

8

# KALTE PAPRIKA-TOMATEN-SUPPE
## MIT KRÄUTER-EIERN

**Fr**

⏲ 30 Min. + 1 Std. Kühlzeit  📊 11 g E / 7 g F / 13 g KH = 888 kcal p. P.

- 1 kleines Bund gemischte Kräuter, *klein gehackt*
- 4 hart gekochte Eier, *klein gehackt*
- 2 EL Olivenöl
- 1 kleine Zwiebel, *klein gewürfelt*
- 1 Knoblauchzehe, *klein gewürfelt*
- 750 g rote Paprikaschoten, *in Stücken*
- 250 g Tomaten, *in Stücken*
- 750 ml Gemüsebrühe
- außerdem: Salz, schwarzer Pfeffer, edelsüßes und rosenscharfes Paprikapulver

1. Die Hälfte der Kräuter mit den Eiern vermengen und diese bis zum Gebrauch kühl stellen.

2. In einem breiten Topf das Olivenöl erhitzen und darin die Zwiebel- und Knoblauchwürfel andünsten. Paprika- und Tomatenstücke zugeben und unter Rühren einige Minuten anbraten. Mit Salz, Pfeffer sowie den beiden Paprikasorten würzen.

3. Den Topfinhalt mit Gemüsebrühe aufgießen, aufkochen lassen und dann bei mittlerer Hitze 5 bis 8 Minuten garen lassen. Mit einem Pürierstab die Suppe fein zerkleinern, nochmals abschmecken und mit den restlichen Kräutern verrühren.

4. Die Suppe für mindestens 1 Stunde in den Kühlschrank stellen. Zum Servieren die Suppe in Schalen füllen und mit den Eierkräutern bestreuen.

# LECKERE ZWEITVERWERTUNG FÜR DIE RESTE

Auch wenn man geplant einkauft und kocht, sind manchmal die Augen größer als der Magen. Dann bleiben ein Stückchen Fleisch, ein paar Nudeln oder ein bisschen Bratensauce übrig. Die Reste sind zu schade zum Wegwerfen und eine tolle Grundlage für kreative Gerichte.

## BROT

Altbackenes Brot war schon immer Grundlage für raffinierte Rezepte. So kann man es zum Beispiel zu French Toast – oder Armen Rittern, wie sie hierzulande heißen – verarbeiten. Einfach Eier mit Milch, Zucker und einer Prise Salz mischen, altbackenes Brot durch die Eiermilch ziehen und in der Pfanne ausbacken. Geröstetes Brot schmeckt auch gut im Salat. Alte Brötchen, Toast oder Weißbrot eignen sich zudem gut als Grundlage für Semmelbrösel. Dazu das Brot in der Papiertüte vom Bäcker gut trocknen lassen und dann fein zerreiben.

## NUDELN

Nudelreste eignen sich als Suppeneinlage, für Salate, als Auflaufzutat oder sie schmecken gebraten mit Wurst und Zwiebeln. Auch lecker: Nudeln mit Eiern, geriebenem Parmesan, Kräutern und gehackten Tomaten oder Oliven verrühren, mit Käse bestreuen und etwa 20 Minuten bei 200 °C im Ofen überbacken. Größere Mengen Nudeln oder Spaghetti lassen sich gut aufwärmen, indem man sie kurz in kochendes Wasser gibt. Kleinere Mengen werden mit Butter und Kräutern gemischt und in der Mikrowelle zum schnellen Snack aufgewärmt.

## KARTOFFELN

Gekochte Kartoffeln sind die Grundlage für ganz viele Gerichte: Kartoffelgratin, Rösti, Salat oder Bauernfrühstück mit Ei, Zwiebeln und Schinken sind leckere Gerichte für den Zweitauftritt der Knollen. Da frische Kartoffeln an der Pfanne kleben bleiben, ist es sogar sinnvoll, sie für Bratkartoffeln einen oder zwei Tage vorher zu kochen. Kleinere Mengen lassen sich auch gut in einem Topf mit Butter aufwärmen und als Beilage reichen. Mit übriggebliebenen rohen Kartoffeln können Saucen und Suppen gebunden werden.

## REIS

Auch Reisreste eignen sich für Salate, als Suppeneinlage oder für ein Pfannengericht mit Gemüse. Für Reisbratlinge mischt man Reis mit Eiern und geriebenem Käse sowie Salz und Pfeffer. Etwas Paniermehl (eine gute Möglichkeit, altbackene Brötchen zu verwerten) drumherum geben und das Ganze in Öl braten. Wer es süß mag, kann aus gekochtem Reis, Milch oder Kokosmilch, Zimt und

Zucker, Vanille(-zucker) sowie nach Geschmack Rosinen in 15 bis 20 Minuten einen Reisbrei kochen. Diese cremige Masse dann 30 bis 60 Minuten kaltstellen und mit frischen Früchten genießen.

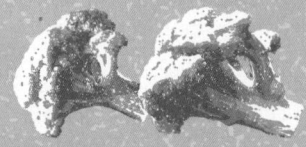

## GEMÜSE

Gekochtes Gemüse kann man als Beilage, in einem Sandwich oder auch in einer Minestrone verwenden. Verschiedene kleine Gemüsereste finden in einer Suppe Platz, auf einer Gemüsepizza, in einem Curry oder einer leckeren Nudelsauce. Gerade bei Gemüse sind der Phantasie keine Grenzen gesetzt, und man kann immer Neues ausprobieren und mit unterschiedlichen Gewürzen experimentieren. Rohe Blumenkohlreste kann man für einen Rohkostsalat raspeln. Mit gekochten Resten lässt sich Kartoffelpüree aufpeppen. Gemischt mit Schinkenwürfeln und Béchamelsauce kann man gekochte Reste bei 200 °C mit Käse überbacken.

## OBST

Obst, das nicht mehr ganz so appetitlich aussieht, eignet sich gut für einen Obstsalat oder für Smoothies. Bananen schmecken püriert mit Milch oder Mandelmilch besonders gut. Je nach Geschmack kann man noch Zimt, Vanille(-zucker) oder Joghurt zugeben. Zusammen mit etwas Nuss-Nougat-Creme dienen sie auch gut als Füllung für Blätterteigtaschen oder gebraten mit etwas Honig als leckerer Nachtisch.

## FLEISCH

Ganz einfach werden Fleisch-Überbleibsel wie kalter Braten auf ein (Toast-)Brot gelegt und als Sandwiches serviert. Oder aber sie wandern in einen Salat, einen Strudel, eine Quiche oder in einen Eintopf,

zusammen mit Gemüseresten. Da kommt auch eine Reste-Soljanka gut, in die neben Fleisch- und Wurstresten übrig gebliebenes Gemüse, Zwiebel, eingelegte Gurken und Paprika gehören. Gewürzt wird mit Lorbeerblatt, Piment, Salz und Pfeffer, Brühe sowie viel Ketchup und saurer Sahne oder Schmand.

## KÄSE

Auch Käse bekommt ein Revival, wenn er nicht mehr ganz frisch ist. Ausgetrockneten Käse kann man gut über Nudelgerichte oder Aufläufe reiben. Sehr fein gerieben und mit Kräuterbutter gemischt, ergibt er einen schmackhaften Brotaufstrich. Weicher Schnittkäse eignet sich zum Überbacken von Toasts.

## SONSTIGES

Aus **Kokosnussmilchresten** kann man Shakes machen: Für 2 Portionen ½ Dose (ca. 250 ml) mit 400 ml Milch und 1 Banane im Mixer verrühren, je nach gewünschter Süße Vanillezucker hinzufügen. **Kapern** passen auf eine Pizza oder in Saucen. Sie harmonieren nur mit wenigen anderen Gewürzen. Aus angebrochenen **Dosen- oder Tetrapak-Tomaten** kann man ganz leicht eine Suppe bereiten: mit etwas Wasser verdünnen, erwärmen, nach Belieben mit Salz, Zucker und Kräutern würzen und mit Sahne verfeinern, eventuell pürieren.

**WIE LANGE HALTEN RESTE?** Im Gefrierfach bleiben übrig gebliebene Speisen bei etwa −18 °C gut vier Wochen genießbar. Im Kühlschrank gelagerte Reste sollten nach zwei Tagen verbraucht werden.

# 9

zur Online-
Einkaufsliste

Der Spätsommer bringt noch reichlich Sommergemüse – aber auch schon erste herbstliche Gemüsesorten. Eine interessante Zeit in der Küche: So kommen noch einmal leckere Pfifferlinge auf den Tisch, aber auch schon Kürbis, der in der nächsten Zeit häufiger den Speiseplan bereichert.

## EINKAUFSLISTE:

- Suppengemüse, **1 kleines Bund**
- Frühlingszwiebeln, **2**
- Zwiebel, **3 kleine**
- Knoblauch, **2 Zehen**
- Ingwerknolle, **2–3 cm**
- Pfifferlinge, **250 g**
- Chilischote, **1 kleine rote**
- Salatgurken, **2 (etwa 600 g)**
- Zuckerschoten, **250 g**
- Kürbis (z. B. Hokkaido), **400 g**
- Fenchel, **2 Knollen (etwa 400 g)**
- Möhren, **250 g**
- Kohlrabi, **1 kg**
- Zitrone, **1**
- Kartoffeln (festkochend), **1,5 kg**
- Birnen, **2 (etwa 400 g)**
- Petersilie, **1 kleines Bund**
- Koriander, **1 Bund**
- gemischte Kräuter (nach Saison), **1 Bund**
- geriebener Käse (Gouda, Emmentaler), **100 g**
- Blauschimmelkäse, **100 g**
- Ei, **1**
- Räucherlachs, **100 g**
- gemischtes Hackfleisch, **400 g**
- Schweineschnitzel, **400 g**
- Kochschinken, **100 g**
- TK-Hähnchen, **1 (max. 1400 g)**
- TK-Fischfilet (Seelachs), **200 g**
- gemischte TK-Kräuter, **1 Packung**
- gestückelte Tomaten, **1 Tetrapak (500 g)**
- Glasnudeln, **100 g**
- Bandnudeln, **1 Packung (500 g)**
- Basmatireis, **500 g**
- Kokosnussmilch, **1 Tetrapak oder Dose (500 ml)**
- Kochsahne (15 % Fett), **150 ml**
- Schlagsahne, **2 Becher**
- Vollmilchjoghurt, **1 großer Becher (500 g)**
- Tomatenmark, **1 kleine Dose**
- Preiselbeeren, **1 Glas**

## AUS DEM VORRAT:

- Olivenöl
- Pflanzenöl
- Weißwein
- Sojasauce
- Butter
- Instant-Gemüsebrühe
- Currypaste
- 1 Scheibe Toastbrot
- Salz
- schwarzer Pfeffer
- Cayennepfeffer
- Kreuzkümmel
- edelsüßes und rosenscharfes Paprikapulver
- Currypulver und/oder Garam Masala
- Kümmel '

## SPEISEPLAN:

**SAMSTAG**
SCHARFE OFEN-GURKEN MIT HACK UND KÄSE

**SONNTAG**
SCHWEINESCHNITZEL MIT KRÄUTER-PFIFFERLINGEN

**MONTAG**
VEGANWOK MIT KÜRBIS, ZUCKERSCHOTEN UND GLASNUDELN

**DIENSTAG**
JOGHURT-HÄHNCHEN »INDIA«

**MITTWOCH**
ÜBERBACKENE FISCHFILETS IN FENCHELSAHNE

**DONNERSTAG**
KÄSE-BIRNEN-KARTOFFELN AUS DER PFANNE

**FREITAG**
KOHLRABISUPPE »COCO« MIT RÄUCHERLACHS

# SCHARFE OFEN-GURKEN MIT HACK UND KÄSE

⏱ 60 Minuten  📊 29 g E / 28 g F / 11 g KH = 410 kcal p. P. (o. Beilage)

- 1 Scheibe Toastbrot, *klein gezupft*
- 400 g gemischtes Hackfleisch
- 1 Ei
- 2 Frühlingszwiebeln, *klein gewürfelt*
- 1 kleines Bund Petersilie, *klein gehackt*
- 100 g geriebener Käse (Gouda, Emmentaler oder gemischt)
- 1 kleine rote Chilischote, *ohne Kerne, gewürfelt*
- 1 Tetrapak/Dose gestückelte Tomaten (500 g)
- 100 ml Gemüsebrühe oder Weißwein
- 2 gleich große Salatgurken (etwa 500–600 g), *halbiert, geviertelt (8 Stücke), Kerne mit einem Löffel herausgekratzt*
- außerdem: Olivenöl, Salz, schwarzer Pfeffer, etwas Rosenpaprika und/oder Cayennepfeffer, nach Wunsch 250 g Basmatireis als Beilage

1. Toastbrotstücke mit 3 bis 4 EL kaltem Wasser beträufeln. Den Backofen auf 200 °C (Umluft 180 °C) vorheizen. Eine Auflaufform mit etwas Olivenöl auspinseln.

2. Das Toastbrot zerdrücken und mit Hackfleisch, Ei, Frühlingszwiebeln, der Hälfte der Petersilie, 50 g geriebenem Käse sowie den Chiliwürfeln gut verkneten. Mit Salz, Pfeffer und Rosenpaprika oder Cayennepfeffer würzen.

3. Die gestückelten Tomaten auf dem Boden der Auflaufform gleichmäßig verteilen und dabei mit der restlichen Petersilie vermengen. Mit Salz und Pfeffer würzen und nach Belieben mit Gemüsebrühe oder Weißwein beträufeln.

4. Die 8 Gurkenstücke mit der Hackfleischmasse füllen und auf die Tomaten in der Auflaufform setzen. Mit dem restlichem Käse bestreuen und mit Olivenöl beträufeln. Die Form in den vorgeheizten Backofen stellen und die gefüllten Gurken in etwa 45 Minuten überbacken.

5. Reis als Beilage: Nach 20 Minuten Garzeit der Ofen-Gurken den Reis in einem Sieb oder in einer Schüssel waschen und abtropfen lassen. Mit der doppelten Menge Wasser und etwas Salz in einem zugedecktem Topf erhitzen. Sobald das Wasser kocht, noch ein paar Minuten bei kleiner Hitze köcheln, dann ohne Hitze oder nur mit Restwärme quellen lassen. Nach rund 20 Minuten ist der Reis fertig. Wichtig: Während der gesamten Zeit auf dem Herd nicht den Deckel öffnen, auch Umrühren ist nicht nötig.

# SCHWEINE-SCHNITZEL

## MIT KRÄUTER-PFIFFERLINGEN

- 2 EL Pflanzenöl
- 400 g Schweineschnitzel (4 Stück)
- 1 kleine Zwiebel, *klein gewürfelt*
- 1 Knoblauchzehe, *klein gewürfelt*
- 250 g Pfifferlinge, *große Exemplare klein geschnitten*
- 100 ml Gemüsebrühe
- 150 ml Kochsahne (15 % Fett)
- 1 Bund gemischte Kräuter, *klein gehackt*
- 100 g Kochschinken, *klein gewürfelt*
- außerdem: Salz, schwarzer Pfeffer, nach Wunsch 500 g Bandnudeln als Beilage

⏲ 30 Minuten  🍴 28 g E / 17 g F / 10 g KH = 325 kcal p. P. (o. Beilage)

1. Den Backofen auf 100 °C (Umluft 80 °C) vorheizen.

2. Wenn Beilage gewünscht, Nudeln in kochendem Salzwasser nach Packungsbeilage bissfest garen, abgießen.

3. Inzwischen Schweineschnitzel in heißem Pflanzenöl auf beiden Seiten jeweils 3 bis 4 Minuten braten. Mit Salz und Pfeffer würzen, auf einen Teller legen und im Backofen warm stellen.

4. Zwiebel- und Knoblauchwürfel im Bratensatz kurz braten und die Pfifferlinge einstreuen. Diese so lange dünsten, bis der Pilzsaft aufgesogen ist. Alles mit Salz und Pfeffer würzen.

5. Den Pfanneninhalt mit Gemüsebrühe und Kochsahne aufgießen. Gehackte Kräuter und Schinkenwürfel einrühren und alles nochmals abschmecken. Die Schweineschnitzel auf Teller verteilen und mit Kräuter-Pfifferlingen überziehen. Bandnudeln ggf. dazu servieren.

**TIPP:** Die Sauce erhält mit 1 EL Aprikosenmarmelade oder mit ein paar klein geschnittenen getrockneten Tomaten einen besonderen Kick.

**Sa**

FÜLLBAR: Hier sind es gefüllte Gurken, Sie können aber auch Zucchini, Paprikaschoten oder Tomaten verwenden.

**So**

PILZSAISON IM SUPERMARKT: Pfifferlinge wachsen schon ab dem Frühsommer, die eigentliche Pilzsaison beginnt jedoch im Herbst.

**BRAUCHT NUR GE-MÜSE:** Dieses Gericht schmeckt prima ganz ohne tierische Produkte.

Di

Mo

**INDISCH INSPIRIERT:** Garam Masala gibt dem Gericht eine feurige Würze.

9

# VEGANWOK

## MIT KÜRBIS, ZUCKER-SCHOTEN UND GLASNUDELN

- 100 g Glasnudeln
- 2 EL Pflanzenöl
- 2 EL Currypaste
- 150 ml Gemüsebrühe
- etwa 2–3 cm Ingwerknolle, *klein gewürfelt*
- 500 g Kürbis (z. B. Hokkaido), *ohne Schale, in mund-gerechten Stücken*
- 250 g Zuckerschoten, *in 2 cm großen Stücken*
- 250 ml Kokosnussmilch
- 1 Bund Koriander (ersatzweise Petersilie), *grob gehackt*
- außerdem: helle Sojasauce, schwarzer Pfeffer, Kreuzkümmel

⏲ 30 Minuten    4 g E / 20 g F / 33 g KH = 362 kcal p. P.

1. Die Glasnudeln in eine Schüssel legen und mit etwa 1 l kochendem Wasser begießen. Etwa 10 Minuten quellen lassen, dann abgießen. Nach Belieben etwas kleiner schneiden.

2. In einem Wok oder in einer größeren Pfanne mit hohem Rand 2 EL Pflanzenöl erhitzen und darin die Currypaste unter Rühren 1 Minute braten. Mit etwas Gemüsebrühe beträufeln, Ingwer sowie Kürbisstücke einrühren und in etwa 5 Minuten unter gelegentlichem Rühren und weiterem Zugießen der Gemüsebrühe dünsten lassen.

3. Die Zuckerschoten hinzufügen und alles mit 1 bis 2 EL Sojasauce, Pfeffer und ½ TL Kreuzkümmel würzen. Die Kokosnussmilch zugießen und 2 bis 3 Minuten köcheln lassen. Zuletzt die Glasnudeln unterheben, nochmals abschmecken und mit frischem Koriander verfeinern.

**PASST AUCH GUT REIN:**
Möhren, Zucchini oder Wirsing

# JOGHURT-HÄHNCHEN »INDIA«

**Di**

## Zutaten

- 1 aufgetautes TK-Hähnchen (bis etwa 1,4 kg)
- 500 g Vollmilchjoghurt
- 3 TL Currypulver oder Garam Masala
- 1 EL Tomatenmark
- außerdem: Olivenöl, Salz, schwarzer Pfeffer, rosenscharfes und edelsüßes Paprikapulver, nach Wunsch 250 g Basmatireis als Beilage

⏱ 60 Minuten    ▱ 41 g E / 35 g F / 7 g KH = 522 kcal p. P. (o. Beilage)

1. **Das küchenfertige Hähnchen innen und außen waschen und in einen großen Kochtopf legen. Mit so viel kaltem Wasser aufgießen, bis es ganz bedeckt ist; salzen. Aufkochen und das Hähnchen bei mittlerer Hitze etwa 20 Minuten köcheln lassen.**

2. **Den Backofen auf 200 °C (Umluft 180 °C) vorheizen und eine Auflaufform mit Olivenöl ausstreichen. Das Hähnchen aus dem Kochwasser nehmen, kurz abkühlen lassen und in 4 Teile schneiden.**

3. **Die Hähnchenviertel mit Salz, Pfeffer sowie je einer Prise beider Paprikasorten rundherum würzen und mit den Brustseiten nach oben in die Auflaufform legen.**

4. **Den Joghurt mit Garam Masala, Tomatenmark und 2 EL Olivenöl glatt rühren. Die Hähnchenteile mit dieser Mischung löffelweise überziehen. Die Auflaufform in den vorgeheizten Backofen schieben und die Hähnchen in etwa 20 Minuten goldbraun überbacken.**

5. **Wenn gewünscht, den Reis nach Packungsbeilage bissfest garen.**

9

**TIPP:** Das gefrorene Hähnchen am Abend vorher zum Auftauen in den Kühlschrank legen. Dazu das Hähnchen aus der Verpackung nehmen und in eine Schüssel mit einem umgedrehten Teller zum Ablaufen der Auftauflüssigkeit legen.

# ÜBERBACKENE
# FISCHFILETS IN
# FENCHELSAHNE

**Mi**

⏱ 40 Minuten  🍽 13 g E / 20 g F / 11 g KH = 292 kcal p. P.

- 200 g aufgetautes TK-Fischfilet (Seelachs oder Lachs)
- Saft von 1 Zitrone
- 1 TL Butter
- 2 Fenchelknollen (etwa 400 g), *in feinen Streifen*
- 250 g Möhren, *ohne Schale, in feinen Streifen*
- 1–2 Kohlrabiknollen (insgesamt etwa 250 g), *in feinen Streifen*
- 200 g Schlagsahne
- 1 TL gemischte TK-Kräuter
- außerdem: Olivenöl, Salz, schwarzer Pfeffer, Currypulver, nach Wunsch 1250 g festkochende Kartoffeln (750 g für den nächsten Tag) als Beilage

1. Den Backofen auf 180 °C (Umluft 160 °C) vorheizen und den Boden einer Auflaufform mit Olivenöl bepinseln. Die Fischfilets mit Zitronensaft beträufeln und mit Salz und Pfeffer würzen.

2. Die Butter in einer Pfanne erhitzen, bis sie schäumt und darin die Gemüsestreifen 2 bis 3 Minuten andünsten. Mit Salz, Pfeffer und etwas Currypulver würzen und mit Sahne aufgießen. Zuletzt die Kräutermischung einrühren.

3. Die Fischfilets in die Auflaufform legen und mit dem Pfanneninhalt überziehen. Die Form in den vorgeheizten Backofen schieben und die Fischfilets in etwa 20 Minuten überbacken.

4. Für die Beilage die Kartoffeln in einem Topf mit Salzwasser bedecken und in ca. 20 Minuten garen. 500 g zu den Fischfilets servieren, den Rest abgedeckt im Kühlschrank aufbewahren.

9

# KÄSE-BIRNEN-KARTOFFELN AUS DER PFANNE

⏱ 30 Minuten  🍽 10 g E / 21 g F / 50 g KH = 443 kcal p. P.

- 750 g gekochte Kartoffeln vom Vortag (oder 750 g rohe festkochende) Kartoffeln
- 100 g Schlagsahne
- 2 EL Preiselbeeren
- 2 EL Butter
- 1 große oder 2 kleine Zwiebeln, *in Streifen*
- 2 Birnen, *ohne Schale und Kerngehäuse, in dünnen Spalten*
- 100 g Blauschimmelkäse
- außerdem: Salz, schwarzer Pfeffer, Kümmel

1. Gegebenenfalls die Kartoffeln waschen und mit dem Kümmel in Salzwasser weich garen.

2. Sahne steif schlagen und die Preiselbeeren unterheben. Mit Pfeffer würzen und bis zum Gebrauch in den Kühlschrank stellen.

3. Die Kartoffeln schälen und in Scheiben schneiden.

4. Die Butter in einer größeren Pfanne erhitzen und darin die Zwiebelstreifen, Birnenspalten und Kartoffeln leicht anbraten. Mit Salz, Pfeffer und wenig Kümmel würzen. Etwa 8 bis 10 Minuten braten.

5. Den Käse klein schneiden, über den Pfanneninhalt streuen und den Pfannendeckel für kurze Zeit aufsetzen. Sobald der Käse schmilzt, die Pfanne vom Herd ziehen.

6. Die Birnenkartoffeln auf 4 vorgewärmte Teller verteilen, die Beerensahne separat dazureichen.

**TIPP FÜR PREISELBEEREN:** Die Beeren eignen sich zur Verfeinerung von Desserts, Salatsaucen, Dips und zum Backen.

**TIPP:** Streuen Sie frische Johannisbeeren über das Gericht – unglaublich lecker.

# KOHLRABISUPPE "COCO" MIT RÄUCHERLACHS

**Fr**

⏱ 40 Minuten  🍽 12 g E / 23 g F / 21 g KH = 341 kcal p. P.

- 750 g Kohlrabi, *geschält,*
  *in 1 cm großen Stücken*
  *+ 2 Kohlrabiblätter*
- 2 EL Pflanzenöl
- 1 kleines Bund Suppen-
  gemüse (Sellerie, Möhren,
  Petersilienwurzel, Lauch),
  *klein gewürfelt oder in*
  *dünnen Streifen*
- 1 Knoblauchzehe,
  *klein gewürfelt*
- 250 g festkochende
  Kartoffeln, *geschält,*
  *in 1 cm großen Stücken*
- 500 ml Gemüsebrühe
- 250 ml Kokosnussmilch
- 100 g Räucherlachs,
  *in Streifen*
- **außerdem:**
  mildes Currypulver, Salz,
  schwarzer Pfeffer

1. Für die Garnitur 1 bis 2 schöne Kohlrabiblätter in kaltes Wasser legen.

2. 2 EL Pflanzenöl in einem Topf erhitzen und darin das Suppen-gemüse sowie den Knoblauch unter Rühren 1 Minute andünsten. Kohlrabi und Kartoffeln hinzufügen und weitere 2 Minuten garen. Alles mit 1 TL Currypulver, Salz und Pfeffer würzen.

3. Den Topfinhalt mit Gemüsebrühe und Kokosnussmilch aufgießen. Einmal aufkochen lassen, die Hitze reduzieren und das Gemüse in etwa 25 Minuten weich garen. Dann die Suppe mit einem Pü-rierstab zerkleinern und nochmals abschmecken.

4. Die Kohlrabiblätter aus dem Wasser nehmen, abtropfen lassen und in feine Streifen schneiden. Die Suppe vor dem Servieren mit den Kohlrabiblätterstreifen und dem Räucherlachs garnieren.

**TIPP:** Die Suppe nicht zu fein pürieren. Ein paar Kartoffel- und Kohl-rabistücke ganz lassen, damit man auch etwas zum Beißen hat.

**9**

# 10

zur Online-
Einkaufsliste

Jetzt wird's herbstlich: Kürbis, Brokkoli, Lauch und Paksoi machen die Gerichte bunt und stimmen auch den Magen auf die heimelige Jahreszeit ein. Mit Ingwer, Chilischote und Zitrone werden die Abwehrkräfte mobilisiert – da kann der Winter bald kommen.

## SPEISEPLAN:

**SAMSTAG**
WRAPS MIT ZIMTHACK
UND FELDSALAT

**SONNTAG**
SPINATPFANNE MIT
ZITRONENSCHNITZELN

**MONTAG**
KNUSPRIGE
HÄHNCHENKEULEN
IM CURRYREIS

**DIENSTAG**
TAGLIATELLE MIT
MOZZARELLA-BROKKOLI

**MITTWOCH**
KÜRBISSUPPE MIT
ORANGENDUFT

**DONNERSTAG**
MIE-NUDELN MIT PAKSOI
UND KIRSCHTOMATEN

**FREITAG**
SÜSSKARTOFFEL-
POMMES MIT SCHAFSKÄSE-
AVOCADO-DIP

## EINKAUFSLISTE:

- Feldsalat, **1 Schale** (100–150 g)
- TK-Blattspinat, **800 g**
- Paksoi, **500 g**
- Brokkoli (frisch oder TK), **500 g**
- Kirschtomaten, **150 g**
- Kürbis (z. B. Hokkaido), **800 g**
- Süßkartoffeln, **1 kg**
- Zwiebeln, **7**
- Knoblauchzehen, **4**
- Ingwerknolle, **2–3 cm**
- Chilischote (rot), **1 kleine**
- Suppengemüse, **1 kleines Bund** (250 g)
- Lauch, **1 kleine Stange** (ca. 150 g)
- Petersilie, **1 großes Bund**
- Koriander, **1 kleines Bund**
- Zitronen (Bio), **3**
- Orange (Bio), **1**
- Apfel (säuerliche Sorte, z. B. Granny Smith), **1**
- Avocado (noch nicht ganz reif), **1**
- Hackfleisch (gemischt), **400 g**
- Putenschnitzel (dünn), **400 g**
- TK-Hähnchenkeulen, **4** (etwa 800 g)
- saure Sahne, **2 Becher** (à 200 g)
- Kräuter-Crème-fraîche, **150 g**
- Kochsahne (15 % Fett), **150 g**
- Schmand, **1 Becher** (150 g)
- Schafskäse, **200 g**
- Mozzarella, **220 g** (ATG 125 g)
- Tortilla Wraps, **1 Packung** (6 Stück, 370 g)
- Mie-Nudeln (chinesische Eiernudeln), **250 g**
- Bandnudeln (z. B. Tagliatelle), **400 g**
- Langkornreis, **250 g**

................................................................

### AUS DEM VORRAT:

- Olivenöl
- Pflanzenöl
- Balsamessig
- helle Sojasauce
- Butter
- Honig
- Instant-Gemüse-
  brühe

- Salz
- schwarzer Pfeffer
- Cayennepfeffer
- gemahlener Zimt
- rosenscharfes und
  edelsüßes Paprikapulver
- Currypulver
- Kreuzkümmel

# Sa WRAPS MIT ZIMTHACK UND FELDSALAT

**⏱ 30 Minuten** ▪ **29 g E / 53 g F / 59 g KH = 821 kcal p. P.**

- 400 g gemischtes Hackfleisch
- 2 EL Pflanzenöl
- 2 kleine Zwiebeln, *klein gewürfelt*
- 1 Knoblauchzehe, *klein gewürfelt*
- ½ Bund Petersilie, *Blätter gehackt*
- Abrieb und Saft von 1 Bio-Zitrone
- 200 g saure Sahne
- 1 Packung Tortilla Wraps (6 Stück, 370 g)
- 1 Schale Feldsalat, *gewaschen*
- außerdem: gemahlener Zimt, Cayennepfeffer, Salz, schwarzer Pfeffer, Olivenöl, Balsamessig

1. Backofen nach Packungsangabe der Tortilla Wraps vorheizen.

2. Hackfleisch in 2 EL erhitztem Pflanzenöl mit den Zwiebel- und Knoblauchwürfeln etwa 8 bis 10 Minuten krümelig braten.

3. Mit einer Prise Zimt, Cayennepfeffer, Salz und Pfeffer kräftig würzen. Die Pfanne beiseiteziehen und das Hackfleisch kurz abkühlen lassen.

4. Anschließend mit Petersilie, Saft und Abrieb der Zitrone sowie mit saurer Sahne verrühren.

5. Die Wraps im Backofen in wenigen Minuten (nach Packungsangabe) erwärmen.

6. Den Feldsalat mit 2 EL Olivenöl, 1 EL Balsamessig, Salz und Pfeffer anmachen. Wraps entweder vorbereiten, oder jeder füllt sich seinen Wrap nach Belieben am Tisch: Zimthack und Feldsalat auf den Wrap geben, dann entweder zusammenklappen, aufrollen oder einfach den belegten Wrap so essen.

10

# SPINATPFANNE MIT ZITRONENSCHNITZELN

⏱ **30 Minuten**    📊 **30 g E / 19 g F / 11 g KH = 358 kcal p. P.**

- 1 kleine Zwiebel,
  *fein gewürfelt*
- 1 Knoblauchzehe,
  *fein gewürfelt*
- 4 EL Olivenöl
- 800 g TK-Blattspinat,
  *aufgetaut*
- 1 Becher Kräuter-
  Crème-fraîche (150 g)
- 400 g Putenschnitzel
- Saft und Abrieb von
  1 Bio-Zitrone
- 1 TL Butter
- außerdem: Salz,
  schwarzer Pfeffer

1. Zwiebel- und Knoblauchwürfel in 2 EL erhitztem Olivenöl andünsten. Spinat hinzufügen, 1 Minute rühren und alles mit Kräuter-Crème-fraîche vermischen. Mit Salz und Pfeffer würzen und alles bei kleinster Hitze warm halten.

2. Putenschnitzel in 2 EL Öl von jeder Seite 2 Minuten scharf anbraten, Hitze reduzieren und in weiteren 2 bis 3 Minuten fertig braten.

3. Schnitzel auf einen Teller legen und mit der Hälfte des Zitronensafts beträufeln. Butter in den Pfannensatz gleiten lassen, restlichen Zitronensaft und -abrieb einrühren, die Schnitzel damit beträufeln. Spinat mit den Schnitzeln servieren.

**10**

**Mo**

# HÄHNCHENKEULEN IM CURRYREIS

- 4 TK-Hähnchenkeulen (etwa 800 g), *aufgetaut*
- 4 EL Pflanzenöl
- 2 kleine Zwiebeln (etwa 100 g), *fein gewürfelt*
- 2 Knoblauchzehen, *fein gewürfelt*
- 1 säuerlicher Apfel, *geschält, in kleinen Stücken*
- 1 kleine Stange Lauch, *in dünnen Streifen*
- 250 g Langkornreis
- 1 EL Currypulver
- 1 TL Kreuzkümmel
- 600 ml Gemüsebrühe
- außerdem: Salz, schwarzer Pfeffer

⏲ 20 Min. + 30 Min. Garzeit   🍴 26 g E / 34 g F / 61 g KH = 647 kcal p. P.

1. Backofen auf 200 °C (Umluft 180 °C) vorheizen.

2. Hähnchenkeulen salzen und pfeffern, in einem Bräter mit 2 EL heißem Pflanzenöl im Backofen 8 bis 10 Minuten knusprig braten. Keulen herausnehmen.

3. 2 EL Pflanzenöl in den Bräter gießen und darin Zwiebeln, Knoblauch, Apfel und Lauch 2 bis 3 Minuten andünsten. Reis einstreuen, alles mit Salz, Pfeffer, 1 EL Currypulver und nach Belieben mit 1 TL Kreuzkümmel würzen.

4. Mit Gemüsebrühe aufgießen und aufkochen lassen. Die gebratenen Hähnchenkeulen so einlegen, dass sie mit Reisflüssigkeit bedeckt sind. Erneut im Backofen etwa 30 Minuten garen.

**TIPP:** Die Hähnchenkeulen kommen im Reis an die Oberfläche, sobald die Flüssigkeit aufgesogen ist. So werden sie in den letzten Garminuten noch schön gebräunt. Am besten dazu die Grillstufe einstellen.

10

# Di

# PASTA MIT
# MOZZARELLA-BROKKOLI

⏱ 25 Minuten  ▯ 23 g E / 12 g F / 80 g KH = 529 kcal p. P.

- 400 g Nudeln
  (z. B. Tagliatelle)
- 500 g Brokkoli,
  *in Röschen geteilt*
- 1 EL Butter
- 2 kleine Zwiebeln (etwa
  100 g), *klein gewürfelt*
- 100 ml Gemüsebrühe
- 125 g Mozzarella,
  *in kleinen Stücken*
- außerdem:
  Salz, schwarzer Pfeffer

1. Nudeln nach Packungsangabe bissfest garen.

2. Brokkoli in kochendes Salzwasser legen, einmal aufkochen lassen und in ein Sieb abgießen. Mit kaltem Wasser abschrecken und abtropfen lassen.

3. Butter in einer größeren Pfanne mit Rand erhitzen und darin die Zwiebelwürfel 1 Minute andünsten. Brokkoli hinzufügen, mit Salz und Pfeffer würzen und alles mit Gemüsebrühe aufgießen. Bei kleiner Hitze 1 bis 2 Minuten garen.

4. Die Nudeln in die Pfanne geben. Alles vorsichtig mischen und dabei die Mozzarellawürfel unterheben.

# KÜRBISSUPPE
## MIT ORANGENDUFT

⏱ 40 Minuten  🍴 5 g E / 6 g F / 17 g KH = 161 kcal p. P.

- 2 EL Butter
- 1 kleines Bund Suppengemüse (Lauch, Sellerie, Möhre, Petersilienwurzel), *geschält und gewürfelt*
- 2–3 cm Ingwerknolle, *klein gewürfelt*
- 800 g Kürbis (z. B. Hokkaido), *in 2 cm großen Stücken* + Kerne
- 1 l Gemüsebrühe
- Schale und Abrieb von 1 Bio-Orange
- 150 g Kochsahne (15 % Fett)
- ½ Bund Petersilie, *gehackt*
- außerdem: Salz, schwarzer Pfeffer, Cayennepfeffer

1. **Butter in einem breiten Topf erhitzen, bis sie schäumt und darin Suppengemüse und Ingwerstücke etwa 2 Minuten andünsten. Die Kürbisstücke hinzufügen und alles weitere 3 bis 4 Minuten dünsten. Mit Salz, Pfeffer und einem Hauch Cayennepfeffer würzen.**

2. **Mit Gemüsebrühe aufgießen, aufkochen lassen, dann die Hitze reduzieren, etwa 15 Minuten garen lassen.**

3. **Kürbissuppe mit Orangenabrieb und -saft mit dem Pürierstab vermischen und zerkleinern. Kochsahne zugießen, Hitze reduzieren. Nochmals abschmecken.**

4. **Kürbiskerne in wenig Butter von beiden Seiten rösten. Suppe vor dem Servieren mit den Kernen und der Petersilie bestreuen.**

**TIPP:** Deftiger wird's mit gebratenem Speck. 2 Kartoffeln, mit dem Suppengemüse angedünstet, machen die Suppe sämiger.

**10**

**Di**

**Mi**

**RESTLOS LECKER:** Die Brokkolistiele können auch verwendet werden – schälen, in Scheiben schneiden und mitbraten.

**KÜRBISSUPPE:** Der kalorienarme Herbstklassiker mit fruchtiger Duftnote.

**Do**

**WOKMISCHUNG:** Hier hat noch einiges Platz – Hähnchenfiletstreifen, Ingwer, Lauchzwiebeln, Paprikaschoten, Mais oder andere Gemüsereste.

**10**

**Fr**

**GUTES FETT:** Der Avocadodip liefert viele gesunde ungesättigte Fettsäuren.

# MIE-NUDELN MIT PAKSOI UND KIRSCHTOMATEN

⏲ 30 Minuten  ▦ 11 g E / 9 g F / 53 g KH = 347 kcal p. P.

- 250 g Mie-Nudeln (chinesische Eiernudeln)
- 100 ml Gemüsebrühe
- 1 EL Honig
- 3 EL helle Sojasauce
- 2 EL Pflanzenöl
- 1 kleine rote Chilischote, *ohne Kerne, klein gewürfelt*
- 150 g Kirschtomaten, *geviertelt*
- 500 g Paksoi (2–3 Stück), *in 1 cm breiten Streifen*
- **außerdem:** Salz, schwarzer Pfeffer

1. Die Eiernudeln nach Packungsaufschrift in kochend heißem Salzwasser bissfest garen.

2. Gemüsebrühe mit 1 EL Honig und 3 EL Sojasauce verrühren. Im Wok oder in einer großen Pfanne mit hohem Rand in 2 EL erhitztem Pflanzenöl Chiliwürfel, Kirschtomaten sowie Paksoi unter vorsichtigem Rühren 3 bis 4 Minuten braten. Mit Salz und Pfeffer würzen.

3. Gemüsebrühe zugeben und nach 1 Minute die Mie-Nudeln unterheben. Nochmals abschmecken und servieren.

**HALTBARKEITSTIPP:** Frischer Paksoi hat knackige, feste Blattrippen und sollte keine braunen Flecken haben. In feuchtes Papier gewickelt hält er im Gemüsefach mehrere Tage.

# SÜSSKARTOFFELPOMMES MIT SCHAFSKÄSE-AVOCADO-DIP

⏲ 40 Minuten    🍽 13 g E / 39 g F / 64 g KH = 679 kcal p. P.

- 3 EL Pflanzenöl
- 1 kg Süßkartoffeln, *ohne Schale, in Streifen*
- 200 g Schafskäse, *zerkleinert*
- Fleisch von 1 reifen Avocado, *in Stücken*
- Saft und Abrieb von 1 Bio-Zitrone
- 150 g Schmand
- 1 kleines Bund Koriander, *fein gehackt*
- außerdem: Salz, schwarzer Pfeffer, Rosenpaprika, edelsüßes Paprikapulver

1. Backofen auf 220 °C (Umluft 200 °C) vorheizen, ein Blech mit Backpapier auslegen.

2. In einer großen Schüssel 3 EL Pflanzenöl, Salz, Pfeffer, Rosenpaprika und edelsüßes Paprikapulver vorsichtig vermischen, die Süßkartoffelstreifen dazugeben und alles gut vermengen. Auf dem Backblech verteilen, im Backofen in etwa 25 Minuten garen.

3. Schafskäse- und Avocadostücke mit dem Zitronenabrieb und Zitronensaft sowie dem Schmand mischen. Alles mit dem Pürierstab zerkleinern.

4. Koriander unter die Schafskäsecreme mischen und alles mit Salz, Pfeffer und etwas Rosenpaprika würzen. Zum Dippen für die knusprigen Pommes bereitstellen.

**RESTETIPP:** Die rohen Süßkartoffelpommes nur mit Pflanzenöl vermischt knusprig backen. Mit etwas Zimt und Zucker vermischen. Dazu schmeckt Apfelmus.

10

# 11

zur Online-Einkaufsliste

Im Spätherbst gibt es noch allerlei Frisches aus dem Freilandbau, zum Beispiel Möhren, Blumenkohl oder Wirsing. Grünkohl wird mit dem ersten Bodenfrost geerntet. Ein Rezept nach orientalischer Art zeigt, was mit dem Wintergemüse alles möglich ist.

## SPEISEPLAN:

**SAMSTAG**
GLASIERTE MÖHREN MIT
KERBEL-HACKBÄLLCHEN

**SONNTAG**
WIRSING MIT
PELLKARTOFFELN

**MONTAG**
KARTOFFELPUFFER MIT
MANGOLDGEMÜSE

**DIENSTAG**
PAPRIKA-ERDNUSS-REIS
MIT SEELACHSSPIESSEN

**MITTWOCH**
ORIENTALISCHER GRÜNKOHL-
AUFLAUF MIT REIS

**DONNERSTAG**
ÜBERBACKENER BLUMENKOHL
MIT KORIANDER-LACHS

**FREITAG**
EISBERGSALAT MIT LINSEN-
JOGHURT-DRESSING

## EINKAUFSLISTE:

- Möhren, 1 kg
- Blumenkohl, 1 Kopf
- Wirsing, 1 mittelgroßer Kopf (ca. 500 g)
- Mangold, 750 g
- Grünkohl, 1½ kg frisch oder 750 g TK
- Eisbergsalat, 1 Kopf
- Cocktailtomaten, 100 g
- Paprikaschoten, 5
  (3 rote, 1 grüne und 1 gelbe)
- frische Sojabohnensprossen, 200 g
- Kartoffeln (festkochend), 1 kg
- Kartoffeln (mehligkochend), 1 kg
- Suppengemüse, 1 kleines Bund
- Zwiebeln, 5 kleine
- Knoblauch, 1 Zehe
- Zitronen, 2
- Kerbel, 1 kleines Bund
- Petersilie, 1 kleines Bund
- geschälte Erdnüsse, 100 g
  (siehe Einkaufstipp Seite 164)
- gemischtes Hackfleisch, 250 g
- magerer Frühstücksspeck, 100 g
- TK-Lachsfilet ohne Haut, 250 g
- TK-Seelachsfilet, 400 g
- Eier, 5
- Milch, 500 ml
- Kochsahne (15 % Fett), 150 ml
- Vollmilchjoghurt (griechischer), 2 große
  Becher (à 500 g)
- geriebener Käse (z. B. Gouda), 300 g
- Langkornreis, 500 g
- rote Linsen, mind. 200 g
- Walnuss- oder Haselnussbrot, 1
- Holzschaschlikspieße, 4

## AUS DEM VORRAT:

- Olivenöl
- Pflanzenöl
- Butter
- süßsaure Chilisauce
- helle Sojasauce
- Zucker
- Mehl, 1 EL
- mittelscharfer Senf
- Weißbrot, 4 Scheiben
  (z. B. Toastbrot)
- Instant-Gemüsebrühe
- Salz
- schwarzer Pfeffer
- Korianderkörner
- Chilipulver
- Kümmel
- gemahlene Muskat-
  nuss
- Kreuzkümmel oder
  Kardamom
- gelbe Senfkörner
- Currypulver

# GLASIERTE MÖHREN MIT KERBEL-HACKBÄLLCHEN

- 1 EL Butter
- 1 EL Zucker
- 1 kg Möhren, *geschält, in dünnen Scheiben*
- 500 ml Gemüsebrühe
- 1 kleines Bund Kerbel, *fein gehackt*
- 250 g gemischtes Hackfleisch
- 1 Ei
- ½ TL mittelscharfer Senf
- außerdem: Salz, schwarzer Pfeffer, nach Belieben Walnuss- oder Haselnussbrot als Beilage

⏱ 40 Minuten  📋 16 g E / 16 g F / 19 g KH = 285 kcal p. P. (o. Beilage)

1. Butter in einem breiten Topf erhitzen, bis sie schäumt. Den Zucker einstreuen und unter Rühren auflösen. Die Möhrenscheiben einlegen, alles mit Salz und Pfeffer würzen und 1 bis 2 Minuten rühren. Mit Brühe aufgießen und die Möhren bei kleiner Hitze in etwa 10 Minuten garen.

2. Kerbel mit Hackfleisch, Ei und Senf gründlich verkneten. Mit Salz und Pfeffer würzen. 8 kleine gleichmäßige Bällchen formen und in kochendes Salzwasser legen, 10 bis 12 Minuten garen.

3. Möhrengemüse abschmecken. Die gegarten Hackbällchen vorsichtig daruntermischen.

**SO GEHT'S AUCH:** Die Hackbällchen können auch in 2 bis 3 EL heißem Pflanzenöl gebraten werden, dann sind sie allerdings etwas kalorienreicher.

11

# So WIRSING MIT PELLKARTOFFELN

- 1 kg festkochende Kartoffeln, *gewaschen*
- ½ TL Kümmel
- 100 g magerer Frühstücks-speck, *klein gewürfelt*
- 1 kleines Bund Suppen-gemüse (Sellerie, Möhren, Petersilienwurzel, Lauch), *klein gewürfelt oder in dünnen Streifen*
- 2 EL Pflanzenöl
- 1 mittlerer Wirsingkopf (500 g), *ohne Strunk, in ½ cm dünnen Streifen*
- 300 ml Gemüsebrühe
- 150 ml Kochsahne (15 % Fett)
- **außerdem:** Salz, schwarzer Pfeffer, gemahlene Muskatnuss

⏲ 50 Minuten 🍽 16 g E / 14 g F / 60 g KH = 454 kcal p. P.

1. Kartoffeln mit kaltem Salzwasser bedecken, mit Kümmel würzen und etwa 30 Minuten garen.

2. Inzwischen Speck- und Gemüsewürfel in erhitztem Pflanzenöl in einem Topf 1 bis 2 Minuten andünsten. Wirsingstreifen hinzufügen und alles mit Salz und Pfeffer würzen.

3. Gemüsebrühe daraufgießen und einmal aufkochen lassen. Das Gemüse bei kleiner Hitze mit Deckel etwa 15 Minuten garen.

4. Kartoffeln abgießen, kurz auskühlen lassen, dann pellen. Das Wirsinggemüse mit Kochsahne verfeinern und mit Muskatnuss abschmecken. Kartoffeln mit Wirsinggemüse anrichten und servieren.

**VARIANTE OHNE SAHNE:** Sahne ist für das Gemüse nicht unbedingt nötig, stattdessen kann zum Binden des Wirsings etwas rohe Kartoffel gerieben und untergerührt werden. Die Kartoffelstärke macht das Gemüse sämiger.

# KARTOFFEL**PUFFER** MIT **MANGOLD**GEMÜSE

⏲ **60 Minuten** 🍽 **9 g E / 28 g F / 7 g KH = 328 kcal p. P.**

- ca. 100 ml Pflanzenöl
- 1 TL gelbe Senfkörner
- 1 kleine Zwiebel, *klein gewürfelt*
- 750 g Mangold, *in 1½–2 cm dicken Streifen*
- 100 ml Gemüsebrühe
- 1 kg mehligkochende Kartoffeln, *geschält*
- 2 Eier
- außerdem: Salz, schwarzer Pfeffer

1. In einer Pfanne mit hohem Rand etwa 3 EL Pflanzenöl erhitzen und die Senfkörner einrühren. Sobald diese »knistern«, Zwiebelwürfel einstreuen und alles 1 Minute andünsten lassen.

2. Mangold hinzufügen und von allen Seiten einige Minuten braten lassen. Mit Salz und Pfeffer würzen und mit Gemüsebrühe beträufeln. Bei verringerter Hitze mit Deckel etwa 15 Minuten garen. Zwischendurch immer wieder umrühren.

3. Die Kartoffeln auf einer Küchenreibe fein reiben. Die geriebenen Kartoffeln fest ausdrücken, dann – am besten mit den Händen – mit etwas Salz und den Eiern vermischen. Den Backofen auf etwa 50 °C vorheizen.

4. Mit einem Esslöffel Puffer aus dem Kartoffelteig formen und in heißem Fett von beiden Seiten anbraten.

5. Die fertig gebratenen Kartoffelpuffer auf Küchenkrepp entfetten. Bis zum Servieren im vorgeheizten Backofen warm halten. Das Mangoldgemüse nochmals abschmecken und mit den Kartoffelpuffern anrichten.

**11**

**HALTBARKEITSTIPP FÜR MANGOLD:** In ein feuchtes Tuch gewickelt hält Mangold etwa zwei Tage im Gemüsefach des Kühlschranks. Einfrieren kann man ihn auch: erst blanchieren (für 1 Minute in kochendes Wasser geben), kalt abschrecken, ausdrücken und im Gefrierbeutel ins Tiefkühlfach. So hält er bis zu einem Jahr. Auf die gleiche Art lässt sich auch Grünkohl einfrieren.

**So**

**Di**

**WIRSING:** Asiatisch lecker wird er so: Wirsingstreifen in heißem Öl braten. Sojasauce dazu, mit gerösteten Sesamsamen bestreuen.

**IN NUR 35 MINUTEN FERTIG:** Noch schneller und kalorienärmer geht's, wenn der Lachs in den letzten Garminuten unter den Reis gemischt wird.

**Mo**

**Mi**

**VARIABEL:** Anstelle von Mangold schmeckt auch Spinat, Chinakohl oder Grünkohl.

**KULTURCLASH:** Grünkohl, der Klassiker der heimischen Winterküche, wird mit Reis, Kumin und Curry zum Orientschmaus.

11

# PAPRIKA-ERDNUSS-REIS
## MIT SEELACHSSPIESSEN

⏱ 35 Minuten  📋 30 g E / 29 g F / 58 g KH = 623 kcal p. P.

- 400 g TK-Seelachs, *aufgetaut, in 1 cm breiten Stücken*
- Saft von 1 Zitrone oder 2 EL helle Sojasauce
- 100 g geschälte Erdnüsse (siehe Tipp)
- je 1 rote, gelbe und grüne Paprikaschote, *klein gewürfelt*
- 1 kleine Zwiebel, *klein gewürfelt*
- 4 EL Pflanzenöl
- 250 g Langkornreis
- 600 ml Gemüsebrühe
- außerdem: Salz, schwarzer Pfeffer, gemahlener Kreuzkümmel oder Kardamom, 4 Holzschaschlikspieße

1. Seelachsstücke mit Zitronensaft oder Sojasauce beträufeln, mit Salz und Pfeffer würzen und zum kurzen Marinieren mit Folie abdecken.

2. Die Erdnusskerne in einer beschichteten heißen Pfanne 1 bis 2 Minuten rösten und anschließend auf einen Teller geben.

3. Paprika- und Zwiebelwürfel in 2 EL erhitztem Pflanzenöl in einem Topf 1 Minute andünsten. Reis einstreuen, alles kurz durchrühren und mit Salz, Pfeffer und Kreuzkümmel bzw. Kardamom würzen. Gemüsebrühe eingießen und aufkochen lassen. Bei verringerter Hitze etwa 15 Minuten fertig garen. Zwischendurch öfter umrühren.

4. In der Zwischenzeit die Seelachsstücke auf 4 Holzspieße stecken. Seelachsspieße in 2 EL erhitztem Öl 4 bis 5 Minuten rundherum braten. Den fertigen Reis nochmals abschmecken und die gerösteten Erdnüsse untermischen. Je 1 Fischspieß auf Paprika-Erdnuss-Reis servieren.

**EINKAUFSTIPP:** Geschälte Erdnüsse, ungeröstet und ohne Salz, finden Sie im Supermarkt nicht im Chips-Regal, sondern meist in der Nähe der Gemüseabteilung oder auch im türkischen Lebensmittelladen. Sie können auch Erdnüsse mit Schale kaufen und zu Hause selbst schälen. Dann auch die braunen Häutchen entfernt, da sie beim Rösten sonst schnell verbrennen.

# ORIENTALISCHER GRÜNKOHL-AUFLAUF MIT REIS

**Mi**

⏱ 30 Min. + 20 Min. Backzeit  🍴 28 g E / 34 g F / 66 g KH = 689 kcal p. P.

- 2 kleine Zwiebeln, *klein gewürfelt*
- 2 EL Butter
- 250 g Langkornreis
- 1 TL Currypulver
- ½ TL Kreuzkümmel (Kumin)
- 600 ml Gemüsebrühe
- 1 kg frischer oder 500 g TK-Grünkohl, *grob gehackt*
- 2 EL Butter
- 200 g Cocktailtomaten, *halbiert*
- 500 g griechischer Vollmilchjoghurt
- 2 Eigelb
- 100 g geriebener Käse (z. B. Gouda)
- außerdem: Salz, schwarzer Pfeffer

1. Backofen auf 220 °C (Umluft 200 °C) vorheizen

2. Zwiebelwürfel in 1 EL heißer Butter glasig dünsten. Den Reis einstreuen und alles mit Pfeffer, Currypulver und Kreuzkümmel würzen. Gemüsebrühe zugießen und aufkochen lassen. Bei reduzierter Hitze etwa 18 Minuten garen.

3. TK-Grünkohl auftauen lassen oder frischen Grünkohl in kochendem Salzwasser 5 Minuten garen, in einem Sieb mit kaltem Wasser abschrecken; abtropfen lassen.

4. Eine Auflaufform mit ½ EL Butter ausfetten. Den Reis auf den Boden der Form geben und darauf den Grünkohl verteilen. Tomatenhälften zwischen Reis und Grünkohl drücken.

5. Joghurt und Eigelb verquirlen, mit Salz und Pfeffer würzen und den Auflauf damit überziehen. Mit Käse bestreuen und restliche Butter als Flöckchen daraufsetzen. Auflauf mit Alufolie abdecken und im vorgeheizten Backofen in etwa 20 Minuten überbacken. 5 Minuten vor Ende der Backzeit Folie entfernen.

11

# ÜBERBACKENER BLUMENKOHL MIT KORIANDER-LACHS

⊠ 20 Min. + 20 Min. Backzeit  ⊠ 26 g E / 23 g F / 16 g KH = 385 kcal p. P.

- 1 Blumenkohlkopf, *in Röschen geteilt*
- 2 EL Butter
- 250 g TK-Lachsfilet ohne Haut, *aufgetaut und in 8 gleich großen Stücken*
- Saft von ½ Zitrone
- 1 TL Korianderkörner, *zerstoßen*
- 1 EL Mehl
- 500 ml Milch
- 100 g geriebener Käse (z. B. Gouda)
- außerdem: Salz, schwarzer Pfeffer, etwas Butter für die Auflaufform

1. Blumenkohlröschen in kochendes Salzwasser legen und 1 bis 2 Minuten garen. In einem Sieb abtropfen lassen. Den Backofen auf 200 °C (Umluft 180 °C) vorheizen und eine Auflaufform mit Butter ausstreichen.

2. Lachsfilet mit Zitronensaft beträufeln und mit Salz, Pfeffer und Koriander würzen. Zusammen mit den Blumenkohlröschen in der Auflaufform verteilen.

3. Butter in einem breiten Topf erhitzen, bis sie schäumt, dann das Mehl einrühren, kurz umrühren, sodass das Mehl hell bleibt. Mit Milch aufgießen und unter ständigem Rühren aufkochen lassen. Den Topf beiseiteziehen und den Käse unter die sämige Sauce rühren.

4. Die Käse-Milch über den Blumenkohl sowie den Lachs gießen, sodass alles bedeckt ist. Den Auflauf im Backofen etwa 20 Minuten überbacken.

**TIPP:** Besitzen Sie eine Brotschneidemaschine? Dann können Sie den gewaschenen Blumenkohlkopf damit in dünne Scheibchen schneiden. Diese ohne Vorkochen mit Lachsscheiben in die Auflaufform schichten und mit Käse-Milch begießen.

# EISBERGSALAT
## MIT LINSEN-
## JOGHURT-DRESSING

- 1 TL Butter
- 4 Scheiben Weißbrot ohne Rinde,
  *in 1 cm großen Würfeln*
- 2 EL Olivenöl
- 1 kleine Zwiebel,
  *klein gewürfelt*
- 1 Knoblauchzehe,
  *klein gewürfelt*
- 200 g rote Linsen
- 200 ml Gemüsebrühe
- 500 g Vollmilchjoghurt
- Saft von ½ Zitrone
- 1 Eisbergsalat,
  *4 Blätter beiseitelegen, den Rest in Streifen*
- 2 rote Paprikaschoten,
  *in dünnen Streifen*
- 200 g frische Sojabohnen-sprossen, *gewaschen*
- 1 kleines Bund Petersilie,
  *fein gehackt*
- außerdem: Salz, schwarzer Pfeffer, Chilipulver

⏲ **30 Minuten** 🍽 **21 g E / 19 g F / 49 g KH = 517 kcal p. P.**

1. Butter in einer beschichteten Pfanne erhitzen und darin die Brotwürfel von allen Seiten knusprig braten.

2. Olivenöl in einem kleinen Topf erhitzen und darin die Zwiebel- und Knoblauchwürfel 1 Minute andünsten.

3. Die Linsen hinzufügen und alles mit Salz, Pfeffer und etwas Chili-pulver würzen. Mit Gemüsebrühe aufgießen und die Linsen bei kleiner Hitze in 8 bis 10 Minuten fertig garen.

4. Linsen kurz abkühlen lassen und mit dem Joghurt sowie dem Zitronensaft vermischen. Je 1 großes Eisbergsalatblatt auf einen Teller legen und mit Paprikastreifen und Sojasprossen belegen. Mit Salz und Pfeffer würzen und löffelweise mit den Joghurt-linsen überziehen. Zuletzt mit Petersilie bestreuen und mit Brot-würfeln garnieren.

11

# 12

zur Online-
Einkaufsliste

Feldsalat, Kartoffeln, Rosenkohl, Steckrüben und Spitzkohl –
Gemüsevertreter der kalten Jahreszeit kommen diese Woche
auf den Tisch. Gerichte voller Vitamine, abwechslungsreich und
lecker, bringen Sie wohlig warm über den Winter.

## EINKAUFSLISTE:

- Kartoffeln (mehligkochend), 2 kg
- Steckrüben, 500 g
- Suppengemüse, 2 kleine Bund
- Lauch, 1 Stange
- Spitzkohl, 400–500 g
- Rosenkohl, 500 g
- Feldsalat, 2 Beutel (200 g)
- Paprikaschote (rot), 1
- Zwiebeln, 4 kleine
- Knoblauch, 9 Zehen
- Chilischoten, 2 kleine rote
- Mangos, 2 (mittelgroß, süß)
- Orange, 1
- Birnen, 2 große
- Zitronen, 4 (davon 1 Bio)
- Korinthen (oder andere Rosinen), 100 g
- Koriander, 1 kleines Bund
- Minze, 1 kleines Bund
- Petersilie, 1 Bund
- mageres Lammfleisch ohne Knochen (z. B. Schulter), 400 g
- Bandnudeln (grüne oder weiße), 250 g
- Basmatireis, 250 g
- Quinoa, 250 g
- Kräutertofu, 500 g
- saure Sahne, 1 Becher (150 g)
- Schlagsahne, 1 Becher (200 g)
- Esskastanien (TK, vorgegart oder frisch), 100 g
- TK-Lachs (ohne Haut), 400 g
- geschälte TK-Garnelen, 250 g
- Holzschaschlikspieße, 4

............................................

## AUS DEM VORRAT:

- Olivenöl
- Pflanzenöl
- Weißwein
- Butter
- Mehl, 1 EL
- Zucker
- Honig
- Instant-Fleisch- und Gemüsebrühe
- Salz
- schwarzer Pfeffer
- Cayennepfeffer
- Zimtstange, 1
- Gewürznelken
- gemahlene Muskatnuss
- geriebener Majoran
- Kräuter der Provence

## SPEISEPLAN:

### SAMSTAG
FELDSALAT MIT MANGO UND KRÄUTERTOFU

### SONNTAG
KARTOFFEL-STECKRÜBEN-PUFFER MIT KORIANDER-BIRNENMUS

### MONTAG
PILAW MIT KNOFEL-LAMM UND ZITRONIGEN KORINTHEN

### DIENSTAG
KARTOFFEL-SPITZKOHL-SUPPE

### MITTWOCH
LACHSSPIESSE AUF QUINOA-GEMÜSE

### DONNERSTAG
MARONI-ROSENKOHL MIT BANDNUDELN

### FREITAG
KNOBLAUCH-CHILI-GARNELEN IM GEMÜSESUD.

# FELDSALAT MIT
## MANGO UND KRÄUTER-
## TOFU

- 2 mittlere süße Mangos, *gewürfelt*
- 200 g Feldsalat, *gewaschen*
- 1 rote Paprikaschote, *klein gewürfelt*
- 1 kleine Zwiebel, *klein gewürfelt*
- Saft von 1 Orange
- 4 EL Olivenöl
- 500 g Kräutertofu, *gewürfelt*
- außerdem: Salz, schwarzer Pfeffer, Cayennepfeffer

⏲ 30 Minuten  ▱ 11 g E / 20 g F / 17 g KH = 300 kcal p. P.

**1.** Das Fruchtfleisch einer Mango zusammen mit dem Feldsalat, den Paprikawürfeln sowie den Zwiebelwürfeln locker vermengen.

**2.** Den Orangensaft zusammen mit dem Fruchtfleisch der zweiten Mango und 2 EL Olivenöl mit dem Pürierstab zerkleinern. Nur leicht mit Salz, Pfeffer und Cayennepfeffer würzen.

**3.** 2 EL Olivenöl in einer beschichteten Pfanne erhitzen und darin die Tofustücke von allen Seiten 2 bis 3 Minuten braten. Den gemischten Feldsalat mit der Mango-Marinade locker vermengen und auf Teller verteilen. Die gebratenen Tofustücke darauf anrichten.

# So KARTOFFEL-STECKRÜBEN-PUFFER
## MIT KORIANDER-BIRNENMUS

⏱ 40 Minuten  🍽 9 g E / 32 g F / 73 g KH = 630 kcal p. P.

- 2 große Birnen
  (z. B. Abate oder Williams)
- Saft von 1 Zitrone
- 1 EL Honig
- 1 Zimtstange
- 2 Gewürznelken
- 1 kg mehligkochende
  Kartoffeln, *geschält*
- 500 g Steckrüben, *geschält*
- 1 kleines Bund Koriander,
  *klein gehackt*
- 150 g saure Sahne
- 1 EL Mehl
- 100 ml Pflanzenöl
- außerdem:
  Salz, schwarzer Pfeffer

**TIPP:** Schmeckt auch mit Äpfeln statt Birnen und Petersilie anstelle des Korianders.

1. Birnen schälen und ohne Kerngehäuse in Stücke schneiden, direkt mit Zitronensaft beträufeln. Etwa 250 ml Wasser mit Honig, Zimtstange sowie mit den Gewürznelken verrühren und aufkochen. Die Birnenstücke hinzufügen und bei mittlerer Hitze in 5 bis 6 Minuten garen.

2. Kartoffeln mit einer Küchenreibe fein raspeln. Mit Salz bestreuen und etwa 20 Minuten ziehen lassen. Die Steckrüben ebenfalls fein raspeln.

3. Die Kartoffelraspeln fest ausdrücken und mit den Steckrübenraspeln, 3 EL saurer Sahne sowie mit dem Mehl vermischen. Leicht mit Pfeffer würzen. Mit einem Esslöffel portionsweise Teig in heißes Öl geben, mit dem Löffelrücken platt drücken, anbacken lassen, wenden und die anderen Seiten knusprig backen. Bei mittlerer Hitze in 8 bis 10 Minuten jeden Puffer auf diese Art braten.

4. Die fertigen Puffer auf einen Teller legen und mit Alufolie abdecken. Zimtstange und Gewürznelke aus dem Birnensud entfernen und den Topfinhalt, nach Belieben grob oder fein, mit einem Pürierstab zerkleinern. Die Hälfte des Korianders unterziehen und nach Bedarf noch etwas süßen. Die Puffer auf Teller verteilen, mit übriger saurer Sahne garnieren und mit restlichem Koriander bestreuen. Das Birnenmus separat dazureichen.

12

# PILAW MIT KNOFEL-LAMM UND ZITRONIGEN KORINTHEN

**Mo**

⏲ 60 Minuten  🍽 22 g E / 29 g F / 71 g KH = 650 kcal p. P.

- 400 g mageres Lammfleisch ohne Knochen (z. B. Schulter), *gewürfelt*
- 4 Knoblauchzehen, *geschält*
- 100 g Korinthen (oder andere Rosinen)
- Schale und Saft von 1 Bio-Zitrone
- 250 g Basmatireis
- 4 EL Pflanzenöl
- 2 kleine Zwiebeln, *klein gewürfelt*
- 600 ml Fleisch- oder Gemüsebrühe
- 1 kleines Bund Minze, *in Streifen*
- außerdem: Salz, schwarzer Pfeffer, etwas gemahlene Muskatnuss

**1.** Den Backofen auf 200 °C (Umluft 180 ° C) vorheizen.

**2.** Die Lammfleischwürfel rundherum mit Salz und Pfeffer würzen. Die Knoblauchzehen pressen und mit den Fleischwürfeln vermengen. Korinthen mit Zitronensaft und -abrieb vermengen.

**3.** Den Reis in ein Sieb geben, kalt waschen und gründlich abtropfen lassen.

**4.** 2 EL Pflanzenöl in einem Bräter oder in einem ofenfesten Topf erhitzen und darin die Lammfleischwürfel von allen Seiten 3 bis 4 Minuten braten. Herausnehmen und auf einen Teller geben.

**5.** Restliches Pflanzenöl in den Bräter gießen und darin die Zwiebelwürfel 1 Minute andünsten. Reis hinzugeben, mit Pfeffer und Muskat würzen, umrühren und mit Brühe aufgießen. Nach dem ersten Aufkochen die Fleischwürfel sowie die Zitronen-Korinthen unterrühren.

**6.** Den Bräter mit einem Deckel verschließen und in den vorgeheizten Backofen stellen. Die Garzeit beträgt etwa 40 Minuten. In den letzten 10 Garminuten die Minze untermischen und den Pilaw ohne Deckel und bei ausgeschaltetem Backofen nachziehen lassen.

**INFO:** Bei diesem Rezept wird der Reis gewaschen, damit kein Reismehl die Körner verklebt. Ein Pilaw zeichnet sich durch eine lockere, körnige Struktur der Reiskörner aus.

# KARTOFFEL-
## SPITZKOHL-
### SUPPE

**Di**

⏱ 50 Minuten · 6 g E / 12 g F / 41 g KH = 317 kcal p. P.

- 3 EL Pflanzenöl
- 1 kleines Bund Suppen-gemüse (Lauch, Sellerie, Möhre, Petersilienwurzel), *in Stücken oder Streifen*
- 750 g mehligkochende Kartoffeln, *geschält, in ca. 1 cm großen Stücken*
- 1 kleiner Spitzkohl (400–500 g), *ohne Strunk, in feinen Streifen*
- ½ TL geriebener Majoran
- 100 ml Weißwein oder Gemüsebrühe
- 1 l Gemüsebrühe
- außerdem: Salz, schwarzer Pfeffer

1. Pflanzenöl in einem Topf erhitzen und darin die Suppengemüse-würfel 1 Minute andünsten lassen.

2. Kartoffelstücke und $\frac{2}{3}$ der Spitzkohlstreifen hinzufügen, mit Majoran, Salz und Pfeffer würzen und einige Minuten dünsten lassen.

3. Mit Weißwein oder Gemüsebrühe beträufeln, dann mit Gemüse-brühe aufgießen. Aufkochen lassen, Hitze reduzieren und das Gemüse in etwa 15 Minuten garen lassen.

4. Die Suppe mit einem Pürierstab je nach gewünschter Sämigkeit zerkleinern und nochmals abschmecken. Zum Servieren die zu-rückbehaltenen Spitzkohlstreifen über die Suppe streuen.

**12**

**Mo**

GERICHT MIT TRADITION: Pilaw gibt es in vielen Ländern des Orients und des Nahen Ostens seit Jahrhunderten, die Hauptzutat ist immer Reis.

**Di**

EDELKOHL: Spitzkohl schmeckt dezenter und ist etwas teurer als Weißkohl.

**Mi**

**NÄHRSTOFFREICH:** Quinoa, ursprünglich aus Peru, hat mehr Nährstoffe als andere Getreidearten und ist daher besonders gesund.

**SCHNELL UND EINFACH:** Zwiebeln und Maroni dünsten, Rosenkohl zufügen, Sahne dazu und mit bissfesten Nudeln servieren – in 30 Minuten fertig.

**Do**

12

# LACHS- Mi
## SPIESSE AUF
## QUINOA-GEMÜSE

⏱ **40 Minuten**  ▣ **21 g E / 17 g F / 13 g KH = 460 kcal p. P.**

- 400 g aufgetautes TK-Lachsfilet ohne Haut, *in 8–12 Stücken*
- Saft von 1 Zitrone
- 250 g Quinoa
- 4 EL Olivenöl
- 1 Stange Lauch, *in dünnen Streifen*
- 750 ml Gemüsebrühe
- außerdem: Salz, schwarzer Pfeffer, 4 Holzschaschlikspieße

**1.** Die Lachsfiletstücke mit Zitronensaft beträufeln und mit Salz und Pfeffer würzen. Die Quinoa in ein Sieb schütten, mehrmals mit kaltem Wasser spülen und abtropfen lassen.

**2.** 2 EL Olivenöl in einem Topf erhitzen und darin die Lauchstreifen 2 bis 3 Minuten andünsten.

**3.** Den Topfinhalt mit Salz und Pfeffer würzen und mit Gemüsebrühe aufgießen. Aufkochen lassen und die Quinoa hinzufügen. Bei reduzierter Hitze etwa 12 Minuten garen.

**4.** In der Zwischenzeit die Lachsstücke auf 4 Spieße stecken. Restliches Olivenöl in einer Pfanne erhitzen und darin die Lachsspieße von allen Seiten 4 bis 5 Minuten braten. Die fertige Quinoa locker durchrühren und auf Teller verteilen. Je 1 Lachsspieß dazulegen.

# MARONI-
## ROSENKOHL

## MIT BANDNUDELN

**Do**

⏱ 30 Minuten    🔥 15 g E / 22 g F / 68 g KH = 540 kcal p. P.

- 500 g Rosenkohl, *gewaschen, Strünke kreuzweise eingeritzt, halbiert*
- 1 EL Butter
- 1 kleine Zwiebel, *klein gewürfelt*
- 100 g Maroni (Esskastanien) (siehe Tipp Seite 19), *grob gehackt*
- 1 Prise Zucker
- 200 g Schlagsahne
- 1 TL Kräuter der Provence
- 250 g grüne oder weiße Bandnudeln
- außerdem: Salz, schwarzer Pfeffer

1. Rosenkohl in kochendes Salzwasser geben und 4 bis 5 Minuten garen lassen. Abgießen und abtropfen lassen.

2. Die Butter in einer größeren Pfanne erhitzen und darin die Zwiebelwürfel sowie die Maronistücke etwa 1 Minute andünsten. Salzwasser für die Nudeln zum Kochen aufsetzen.

3. Pfanneninhalt mit wenig Zucker bestreuen. Den Rosenkohl einrühren, mit Salz und Pfeffer würzen, Schlagsahne mit Kräutern mischen und das Gemüse damit begießen. Bei kleiner Hitze etwa 10 Minuten ziehen lassen.

4. Die Bandnudeln in das kochende Wasser geben und nach Packungsangabe bissfest garen. Die Nudeln direkt unter die Rosenkohlpfanne mischen. Nochmals abschmecken und servieren.

**VARIANTEN:** Anstelle der Esskastanien schmeckt das Gericht auch mit Erdnüssen oder mageren Räucherspeckwürfeln. Gute Alternativen zum Rosenkohl sind Brokkoli, Blumenkohl oder Romanesco, eine besondere Blumenkohlzüchtung.

12

# Fr

# KNOBLAUCH-CHILI-GARNELEN IM GEMÜSESUD

- 250 g TK-Garnelen,
  *aufgetaut*
- Saft von 1 Zitrone
- 1 Bund Petersilie,
  *fein gehackt*
- 3 EL Olivenöl
- 5 Knoblauchzehen,
  *klein gewürfelt*
- 2 kleine rote Chilischoten,
  *mit einem Messer angeritzt*
- 1 Bund Suppengemüse
  (Lauch, Sellerie, Möhre,
  Petersilienwurzel),
  *in Stücken oder Streifen*
- 1 l Gemüsebrühe
- außerdem:
  Salz, schwarzer Pfeffer

⏲ 30 Minuten   🍽 11 g E / 13 g F / 4 g KH = 177 kcal p. P.

1. Die Garnelen mit Zitronensaft, Salz und Pfeffer würzen und mit der Petersilie vermengen.

2. Das Öl in einem breiten Topf erhitzen und darin die Knoblauchwürfel sowie die Chilischoten 1 Minute andünsten. Das Suppengemüse hinzufügen, mit Salz und Pfeffer würzen und 1 bis 2 Minuten dünsten.

3. Den Topfinhalt mit Gemüsebrühe aufgießen und nach dem Aufkochen bei reduzierter Hitze etwa 5 Minuten leicht köcheln lassen. Die marinierten Garnelen hinzufügen und abschließend 2 bis 3 Minuten ziehen lassen.

**INFO:** Die Chilischoten werden angeritzt, damit die ätherischen Öle freigesetzt werden.

# Nachtisch!

zur Online-Einkaufsliste

Süße Ergänzungen: Eine Woche ohne Süßes kommt nicht infrage? Hier finden Sie Dessertrezepte, mit denen Sie jeden am Tisch für weniger als 1,50 Euro glücklich machen.

**DESSERTS:**

**FRUCHTIG-FRISCH**
ROSA GRAPEFRUIT-QUARK-EIS

**SCHOKOLADIG**
SCHOKOLADENCREME MIT
MASCARPONE

**FÜR KIRSCHENFANS**
KALTER SCHOKOPUDDING
MIT KIRSCHSAHNE

**MACHT SÜCHTIG**
GEEISTE CAPPUCCINO CREMA

**EDEL**
WEISSE CREME MIT RICOTTA
UND ERDBEEREN

**SÜSS, WÜRZIG, FRUCHTIG**
STACHELBEERGRÜTZE
MIT ZIMTSAHNE

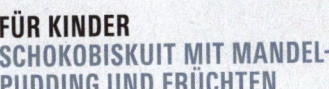

**FÜR KINDER**
SCHOKOBISKUIT MIT MANDEL-
PUDDING UND FRÜCHTEN

**FIGURFREUNDLICH**
GEBRATENE BANANEN MIT
MANGO-CHILI-SAUCE

**SOMMERLICH**
SCHOKONUSSJOGHURT
MIT MANGO

**FÜR VIELE**
SÜSSER AUFLAUF MIT KIRSCHEN

**SCHNELL ZUBEREITET**
APRIKOSENPIZZA MIT MARZIPAN

**FRÜHLINGSHAFT**
GESCHMORTER RHABARBER
MIT VANILLE IM GLÄSCHEN

## ROSA GRAPEFRUIT-QUARK-EIS

⏱ 20 Min. + 2 Std. Gefrierzeit 📊 8 g E / 13 g F / 19 g KH = 227 kcal p. P.

- 2 große, süße, rosa Grapefruits, *halbiert*
- 100 g Schlagsahne
- 150 g Quark
- 50 g Mascarpone
- 2 EL Honig
- zum Servieren: 1 EL Honig

**1.** 1 Grapefruit pressen, Saft durch ein Haarsieb passieren. Die 2. Grapefruit aushöhlen, das Fruchtfleisch in kleine Stücke schneiden und beiseitestellen. Die 4 leeren Grapefruithälften aufbewahren.

**2.** Sahne steif schlagen. Quark mit Grapefruitsaft, Mascarpone und Honig cremig rühren und zuletzt die Sahne unterheben.

**3.** Die Grapefruitcreme in die 4 ausgehöhlten Fruchthälften füllen und diese für mindestens 2 Stunden in den Gefrierschrank stellen.

**4.** Die Grapefruithälften zum Servieren mit den frischen Grapefruitstückchen garnieren und Honigfäden darüberziehen.

## SCHOKOLADENCREME MIT MASCARPONE

⏱ 30 Min. + 2 Std. Kühlzeit 📊 22 g E / 33 g F / 44 g KH = 888 kcal p. P.

- 4 Blatt weiße Gelatine
- 200 g Vollmilchschokolade oder andere Sorte
- 200 g Schlagsahne
- 4 Eier, *getrennt*
- 4 EL Zucker
- 250 g Mascarpone
- **außerdem:** Schokoladenraspeln nach Belieben

**1.** Gelatine in kaltem Wasser einweichen. Schokolade in Stücke brechen und entweder in der Mikrowelle oder über einem Wasserbad schmelzen lassen.

**2.** Schlagsahne steif schlagen. Eiweiße zu steifem Schnee schlagen und kühl stellen. Eigelbe mit dem Zucker cremig schlagen, dann den Mascarpone einrühren. Nach und nach die geschmolzene Schokolade unterrühren.

**3.** Gelatine ausdrücken und in der Mikrowelle oder in einer Kelle über heißem Wasser schmelzen lassen. Zur Creme hinzufügen und alles kräftig durchrühren.

**4.** Den Eischnee sowie die Sahne unterziehen. Die Schokoladencreme in einer abgedeckten Servierschüssel für mindestens 2 Stunden kühl stellen. Zum Servieren die Schokoladencreme mit Schokoladenraspeln bestreuen.

## KALTER **SCHOKOPUDDING** MIT **KIRSCHSAHNE**

⏱ 20 Min. + 1 Std. Kühlzeit  📊 9 g E / 21 g F / 53 g KH = 454 kcal p. P.

- 500 ml Milch
- 1 Päckchen Schokoladen-puddingpulver
- 2 EL Zucker
- 200 g Schlagsahne
- 1 Glas Sauerkirschen (Abtropfgewicht 370 g)
- zum Garnieren: Schokoraspeln, 8 – 12 Löffelbiskuits

**1.** 6 EL Milch zurückbehalten, Rest aufkochen, den Topf von der Herdplatte nehmen. Das Puddingpulver (nach Packungsanleitung) mit Zucker vermischen und mit den 6 EL Milch glatt rühren.

**2.** Das angerührte Puddingpulver unter die heiße Milch rühren. Dabei den Topf wieder auf den Herd stellen, Pudding kurz kochen lassen. Den fertigen Pudding in eine Schüssel füllen und im Kühlschrank vollständig abkühlen lassen (etwa 1 Stunde).

**3.** Sahne steif schlagen und unter den abgekühlten Schokopudding mischen. Sauerkirschen abtropfen lassen und mit dem Sahne-Schokopudding-Gemisch abwechselnd in Gläser schichten. Mit Schokoraspeln bestreuen und Löffelbiskuits einstecken.

##  GEEISTE **CAPPUCCINO CREMA**

⏱ 20 Min. + 3 Std. Gefrierzeit  📊 6 g E / 37 g F / 41 g KH = 532 kcal p. P.

- 400 g Schlagsahne
- 3 Eigelb
- 150 g Puderzucker
- 100 ml starker, kalter Espresso
- zum Garnieren: Kakaopulver, schokolierte Kaffeebohnen und nach Belieben Schlagsahne

**1.** Sahne steif schlagen, in den Kühlschrank stellen.

**2.** In einem Topf Wasser zum Kochen bringen. In einem kleineren Topf Eigelbe mit Puderzucker verrühren und diesen dann auf den Topf mit dem kochenden Wasser stellen. Eigelbe in 3 bis 4 Minuten mit einem Schneebesen zu einer luftigen Creme schlagen.

**3.** Vom Wasserbad nehmen und die Creme kurz kalt schlagen. Den Espresso langsam mit dem Schneebesen unterrühren. Die Creme auf vier Cappuccinotassen verteilen, mit Folie abgedeckt für mindestens 3 Stunden ins Gefrierfach.

**4.** Cappuccino Crema einige Minuten bei Zimmerwärme antauen lassen. Dann mit Kakaopulver breitflächig bestäuben und mit den schokolierten Kaffeebohnen garnieren. Nach Belieben zusätzlich mit Schlagsahne garnieren.

**GELATINE-TIPP:** Als vegetarischer Ersatz dient Agar Agar, ein Extrakt aus Algen. Sie können es in Pulverform im Bioladen oder im Asialaden kaufen.

## WEISSE CREME MIT RICOTTA UND ERDBEEREN

⏱ 30 Min. + 2 Std. Kühlzeit 🍽 12 g E / 31 g F / 37 g KH = 483 kcal p. P.

- 4 Blätter weiße Gelatine
- 500 g Ricotta
- 100 g Puderzucker
- Saft von ½ Zitrone
- 200 g Schlagsahne
- 250 g Erdbeeren, *nach Wunsch halbiert*

1. Gelatine in kaltem Wasser einweichen. Ricotta, Puderzucker und Zitronensaft cremig rühren. Sahne steif schlagen und unter die Ricottamischung ziehen.

2. Gelatine ausdrücken, in der Mikrowelle auflösen oder in einer Kelle in heißes Wasser halten, bis sie aufgelöst ist. Erst nur mit wenig, dann mit der ganzen Ricottamasse verrühren.

3. Ricottamasse in einer mit Folie abgedeckten Schüssel für etwa 2 Stunden in den Kühlschrank stellen.

4. Mit zwei befeuchteten Esslöffeln Nocken aus der Creme stechen und diese zusammen mit den Erdbeeren anrichten.

## STACHELBEERGRÜTZE MIT ZIMTSAHNE

⏱ 30 Min. + 3 Std. Kühlzeit 🍽 2 g E / 15 g F / 51 g KH = 359 kcal p. P.

- Saft von ½ Zitrone
- 250 ml Apfelsaft
- 50 g Zucker
- 300 g Stachelbeeren
- 1 Apfel (säuerlich, z. B. Boskop), *ohne Schale und Kerngehäuse, in Stücken*
- 1 Zimtstange
- 3 gestrichene TL Speisestärke
- 3 Kiwis, *ohne Schale, geviertelt und in Scheiben*
- 200 g Schlagsahne
- 2 EL Honig
- ¼ TL gemahlener Zimt

1. Zitronen- mit Apfelsaft und Zucker unter Rühren in einem breiten Topf aufkochen. Stachelbeeren, Apfelstücke und Zimtstange einlegen und alles bei mittlerer Hitze 3 Minuten leicht köcheln lassen.

2. Speisestärke mit 3 EL Saft aus dem Topf glatt rühren, zur Früchtemischung geben, rühren, einmal aufkochen lassen. Zimtstange entfernen und die Kiwistücke einrühren; bei ausgeschaltetem Herd noch 2 Minuten ziehen lassen.

3. Die entstandene grüne Grütze in einer Servierschale bei Zimmertemperatur einige Minuten abkühlen lassen, dann mit Folie abgedeckt für 3 Stunden in den Kühlschrank stellen.

4. Vor dem Servieren die Sahne mit Honig und Zimt kräftig durchrühren und in ein Servierkännchen füllen.

## SCHOKOBISKUIT MIT MANDEL-PUDDING UND FRÜCHTEN

- 400 g Früchte (z. B. Erdbeeren, Johannisbeeren,
  Kirschen, Aprikosen),
  *je nachdem entkernt
  und in Spalten*
- 4 EL Zucker
- 1 fertiger Schoko-Biskuit-
  boden (300 g),
  *in 1 cm großen Würfeln*
- 1 Päckchen Puddingpulver
  mit Mandelgeschmack
- 500 ml Milch
- 100 ml Fruchtsaft
  (z. B. Multivitamin- oder
  Orangensaft)
- 100 g Mandelblättchen

⏲ 30 Min. + 2 Std. Kühlzeit  🍽 18 g E / 23 g F / 102 g KH = 697 kcal p. P.

1. Die vorbereiteten Früchte in einer Schüssel mit 2 EL Zucker bestreuen, mit Fruchtsaft beträufeln und locker vermengen. Die Bis-
   kuitbodenwürfel auf dem Boden einer Servierschüssel verteilen.

2. 2 EL Zucker und Puddingpulver mit ein paar EL kalter Milch glatt
   rühren, restliche Milch aufkochen, angerührtes Pulver zügig einrühren. Pudding beiseiteziehen.

3. Die gezuckerten Früchte mit Saft gleichmäßig auf den Biskuitwür-
   feln verteilen und den noch heißen Mandelpudding darübergießen.
   Bei Zimmerwärme abkühlen lassen. Anschließend die Schüssel
   mit Folie abgedeckt für 2 Stunden in den Kühlschrank stellen.

4. Mandelblättchen in einer heißen beschichteten Pfanne ohne Fett
   so lange rösten, bis sie duften. Abkühlen lassen. Dessert gleichmäßig mit Mandelblättchen bestreuen.

## GEBRATENE BANANEN
### MIT MANGO-CHILI-SAUCE

- 1 große, reife, saftige Mango, *geschält und entkernt*
- Saft von 1 Orange
- 1 TL Butter
- 4 mittlere, reife Bananen,
  *ohne Schale, längs halbiert*
- 1 EL Honig
- 4 Stiele Pfefferminze oder
  Melisse, *Blätter in Streifen*
- 1 kleine rote Chilischote,
  *ohne Kerne, klein gewürfelt*

⏲ 10 Minuten  🍽 3 g E / 1 g F / 39 g KH = 180 kcal p. P.

1. Mangofruchtfleisch mit dem Orangensaft im Küchenmixer oder
   mit einem Pürierstab zerkleinern.

2. Die Butter in einer beschichteten Pfanne erhitzen und die Bananenhälften darin von allen Seiten in 3 bis 4 Minuten braten.
   Honig darüberträufeln und den Pfanneninhalt schwenken.

3. Bananenhälften auf 4 Teller verteilen. Die Mangosauce mit den
   Pfefferminzstreifen sowie den Chiliwürfeln vermengen und die
   Bananen damit löffelweise überziehen.

## SCHOKONUSS**JOGHURT** MIT **MANGO**

⏱ 20 Min. + 4 Std. Kühlzeit   📊 11 g E / 20 g F / 51 g KH = 440 kcal p. P.

- 2 mittlere, süß-saftige Mangos,
  *ohne Schale und Kern,
  in ½ cm großen Stücken*
- 100 ml Orangensaft
- 100 g Vollmilchschokolade
- 300 g Naturjoghurt (3,8 % Fett)
- 50 g fein gehackte Haselnüsse
- etwa 10 Löffelbiskuits
- **außerdem:** Puderzucker zum Bestäuben

1. Mangostücke in eine Schüssel geben und mit Orangensaft beträufeln.

2. Vollmilchschokolade in Stücke brechen und entweder in einer hitzebeständigen Schüssel über einem Wasserbad oder in der Mikrowelle schmelzen lassen.

3. Flüssige Schokolade mit Joghurt und Haselnüssen verrühren. Die Böden der Tassen mit Mangostücken belegen, darauf Löffelbiskuits geben (eventuell kleiner schneiden), diese mit etwas Orangensaft beträufeln und mit Schokonussjoghurt überziehen. Schichten abwechseln, bis die Tassen gefüllt sind, dabei mit Schokonussjoghurt abschließen.

4. Mit Folie abgedeckt für 3 bis 4 Stunden im Kühlschrank durchziehen lassen. Zum Servieren mit Puderzucker bestäuben.

##  SÜSSER AUFLAUF MIT **KIRSCHEN**

Für 1 runde Auflaufform (Ø etwa 28 cm)
- 500 g Kirschen (auch halb Sauer- und Süßkirschen gemischt), *entkernt*
- 3 Eier
- 2 EL Puderzucker
- 1 Prise Salz
- 100 g Mehl
- 250 ml Milch
- **außerdem:** etwas Butter für die Form, Puderzucker zum Bestäuben

⏱ 30 Min. + 40 Min. Backzeit   📊 12 g E / 9 g F / 46 g KH = 314 kcal p. P.

1. Backofen auf 220 °C (Umluft 200 °C) vorheizen und eine Auflaufform mit Butter ausfetten. Kirschen darin gleichmäßig verteilen.

2. Eier mit Puderzucker und einer Prise Salz schaumig aufschlagen. Mehl und Milch nach und nach unterrühren, sodass ein lockerer Teig entsteht.

3. Den Teig über die Kirschen ziehen, bis alles bedeckt ist. In den vorgeheizten Backofen schieben und 35 bis 40 Minuten backen, bis die Oberfläche leicht gebräunt ist.

4. Den fertig gebackenen Kirschauflauf kurz abkühlen lassen und mit Puderzucker bestreut servieren.

## APRIKOSENPIZZA MIT MARZIPAN

⏲ 30 Minuten ▣ 12 g E / 37 g F / 85 g KH = 729 kcal p. P.

- 1 runder Blätterteigboden (270 g, Kühltheke), Ø etwa 32 cm
- 100 g Aprikosenmarmelade
- 100 g Marzipanrohmasse
- 50 g Puderzucker
- 500 g süße Aprikosen, *entsteint, in dünnen Spalten*
- 100 g Mascarpone
- 2 Eier
- 1 Prise gemahlener Zimt
- 1 TL Zucker
- 1 TL Butterflöckchen

1. Backofen auf 220 °C (Umluft 200 °C) vorheizen. Pizzaboden samt Backpapier auf dem Backblech auslegen. Die Aprikosenmarmelade in der Mikrowelle oder in einem Topf erwärmen, den Pizzaboden damit bestreichen.

2. Marzipanrohmasse mit Puderzucker verkneten, zu einem kleinen Kreis ausrollen und diesen mittig auf den Pizzaboden legen. Die Aprikosenspalten auf den Teigboden legen.

3. Mascarpone mit Eiern, Zimt und Zucker verrühren und die Früchte damit gleichmäßig überziehen; Butterflöckchen darübergeben. Das Backblech in den vorgeheizten Backofen schieben und die Aprikosenpizza in etwa 15 Minuten goldgelb backen.

## GESCHMORTER RHABARBER
### MIT VANILLE IM GLÄSCHEN

⏲ 30 Minuten ▣ 5 g E / 4 g F / 40 g KH = 237 kcal p. P.

- 4 EL Zucker
- 1 Prise gemahlener Zimt
- 500 g Rhabarber, *in etwa 1½ cm großen Stücken*
- 100 ml Apfelsaft oder süßer Weißwein
- 500 g Vanillejoghurt (3,5 % Fett)
- zum Garnieren: frische Pfefferminzblättchen

1. Backofen auf 200 °C (Umluft 180 °C) vorheizen und ein Backblech mit Alufolie auslegen.

2. Zucker und Zimt vermischen und mit den Rhabarberstückchen vermengt auf dem Backblech verteilen. Mit etwa der Hälfte des Apfelsafts oder Weißweins beträufeln und die Rhabarberstücke im Backofen 8 bis 9 Minuten »schmoren« lassen.

3. Rhabarberstückchen kurz abkühlen lassen und mit dem restlichen Apfelsaft oder Weißwein beträufeln. Vanillejoghurt durchrühren und mit den Rhabarberstückchen in 4 Gläsern abwechselnd übereinanderschichten. Mit Vanillejoghurt abschließen und mit Pfefferminzblättchen garnieren.

**TIPP**: Besonders saftige Aprikosen in der Sommersaison wählen. Auch Apfel- oder Pfirsichspalten passen gut.

# SO ERSTELLEN SIE SICH EINEN EIGENEN WOCHENPLAN

Echt praktisch, so ein Wochenplan! Mit ein bisschen Planung können Sie sich ganz leicht auch selbst einen Wochenplan erstellen. Die Zeit, die Sie dafür investieren, sparen Sie unter der Woche mehrfach ein.

## TIPPS FÜR DEN EIGENEN WOCHENPLAN

**1.** Überlegen Sie zunächst am Tag vor dem Einkauf, was in den nächsten 7 Tagen auf den Tisch kommen soll. Beziehen Sie die ganze Familie mit ein, auf diese Weise kommt nur auf den Tisch, was auch wirklich gegessen wird.

**2.** Prüfen Sie Ihre Vorräte: Was befindet sich im Kühlschrank, das dringend wegmuss? Was liegt schon länger im Tiefkühlfach, Keller oder Vorratsschrank? Diese Lebensmittel sollten dann auf alle Fälle mit eingeplant werden.

**3.** Beachten Sie den Saisonkalender (Seite 196). Gemüse und Obst ist während der Saison besonders günstig, gesund und das Angebot ist riesig – und somit auf jeden Fall im Supermarkt erhältlich.

**4.** Bei der Zusammenstellung der Gerichte sind auch die aktuellen Angebote aus den Supermärkten hilfreich. Verarbeiten Sie Zutaten, die aktuell günstig zu bekommen sind.

**5.** Die Reihenfolge der Gerichte ist wichtig: Gemüse, das schnell Nährstoffe verliert, sowie Fleisch oder Fisch sollte möglichst gleich am Anfang aufgebraucht werden.

**6.** Alternativ können Sie leicht verderbliche Lebensmittel wie Fleisch oder Fisch einfrieren oder entsprechendes Gemüse gleich tiefgekühlt kaufen.

**7.** Bedenken Sie Ihre Termine: Steht am Dienstag das Geburtstagsessen der Oma an, braucht man für diesen Tag auch nichts einkaufen. Abends noch

# TIPPS FÜR DEN EINKAUFSZETTEL

1. Der Einkaufszettel sollte stets gut zugänglich in der Küche liegen, damit man sofort notieren kann, wenn etwas ausgeht.

2. Sortieren Sie den Einkaufszettel nach Einkaufsorten (Supermarkt, Gemüseladen, Metzger, Asialaden etc.).

3. Sortieren Sie den Einkaufszettel nach der Reihenfolge des Rundgangs im Supermarkt. Das spart unnötiges Hin- und Herrennen und damit Zeit.

4. Notieren Sie sich möglichst genau, wie viel Sie von einem Lebensmittel benötigen.

Wenn »2 kleine Zucchini« auf dem Zettel steht, greifen Sie im Supermarkt sicher nicht nach der Packung mit den 3 großen Zucchini, von denen Sie am Ende 1½ wegwerfen müssten.

5. Stift mitnehmen! Haken Sie die Produkte einfach ab, sobald sie in den Einkaufswagen gewandert sind. So bleibt der Zettel übersichtlich.

6. Für ganz Eilige: Einige Supermarktketten bieten für manche Gebiete, meist in größeren Städten, über ihre Homepage Onlineshops an. Füllen Sie Ihren virtuellen Einkaufswagen und holen Sie die gepackten Einkaufstüten vor Ort ab oder lassen Sie sich bis an die Wohnungstür liefern.

einen Termin? Dann sollte schnell und unkompliziert gekocht werden. Donnerstag ist Sporttag? Dann reicht ein Sommersalat vermutlich nicht zum Sattwerden.

8. Bleiben Sie realistisch: Die Gerichte sollten vom Aufwand her Ihrer verfügbaren Zeit entsprechen. Wer abends lange im Büro arbeitet, stellt sich abends sicherlich nicht an den Herd. Da hilft:

9. Denken Sie auch schon an morgen! Kochen Sie einfach mehr Nudeln und bereiten Sie einen Nudelsalat fürs Büro oder den nächsten Feierabend zu.

10. Wenn Sie am Wochenende mehr Zeit haben, kochen Sie vor und frieren Sie die Gerichte ein. So entgehen Sie dem Junkfoodwahn am Abend und bringen etwas Gesundes auf den Tisch.

# SAISONTABELLE

## Gemüse

| Lebensmittel | Jan | Feb | Mrz | Apr | Mai | Jun | Jul | Aug | Sep | Okt | Nov | Dez |
|---|---|---|---|---|---|---|---|---|---|---|---|---|
| Blumenkohl | | | | | | ● | ● | ● | ● | ● | | |
| Bohnen (grün) | | | | | | | ● | ● | ● | ● | | |
| Brokkoli | | | | | | ● | ● | ● | ● | | | |
| Chicorée | ● | ● | | | | | | | | | | |
| Chinakohl | ● | ● | | | | | | | | | | |
| Endiviensalat | | | | | | ● | ● | ● | ● | ● | | |
| Erbsen | | | | | | ● | ● | ● | ● | | | |
| Feldsalat | ● | | | | | | | | | | | |
| Fenchel | | | | | | ● | ● | ● | ● | ● | | |
| Gurke | | | | | | ● | ● | ● | ● | ● | | |
| Kartoffeln | | | | | | | ● | ● | ● | ● | | |
| Knollensellerie | | | | | | | | | ● | ● | ● | |
| Kohlrabi | | | | | ● | ● | ● | ● | ● | ● | | |
| Kopfkohl | | | | | ● | ● | ● | ● | ● | ● | | |
| Kürbis | | | | | | | | ● | ● | ● | ● | |
| Lauch | | | | | | | | | ● | ● | ● | ● |
| Mairübchen | | | ● | ● | | | | | | | | |
| Mangold | | | | | ● | ● | ● | ● | ● | ● | | |
| Möhren | | | | | | ● | ● | ● | ● | ● | | |
| Paprika | | | | | | ● | ● | | | | | |
| Pastinaken | ● | ● | ● | | | | | | ● | ● | ● | |
| Petersilienwurzel | | | | | | | | | | ● | ● | |
| Pilze | ● | ● | ● | ● | ● | ● | ● | ● | ● | ● | ● | ● |
| Radieschen | | | | ● | ● | ● | ● | ● | ● | | | |
| Rhabarber | | | ● | ● | ● | | | | | | | |
| Rosenkohl | ● | ● | | | | | | | | | | |
| Rote Bete | ● | ● | ● | | | | | | | ● | ● | ● |
| Rucola/Rauke | ● | ● | ● | ● | ● | ● | ● | ● | ● | ● | ● | ● |
| Salate | | | | ● | ● | ● | ● | ● | ● | ● | | |
| Spargel | | | | ● | ● | | | | | | | |
| Spinat | | | ● | ● | ● | ● | ● | ● | ● | ● | ● | |
| Staudensellerie | ● | ● | ● | | | | | | ● | ● | ● | |
| Steckrüben | | | | | | | | | ● | ● | ● | ● |
| Tomaten | | | | | | ● | ● | ● | | | | |
| Wirsing | | | | | | ● | ● | ● | ● | ● | | |

| Lebensmittel | Jan | Feb | Mrz | Apr | Mai | Jun | Jul | Aug | Sep | Okt | Nov | Dez |
|---|---|---|---|---|---|---|---|---|---|---|---|---|
| Zucchini | | | | | | | ● | ● | ● | | | |
| Zuckermais | | | | | | | | ● | ● | | | |
| Zwiebeln | | | | | | | ● | ● | ● | ● | | |

## Obst und Nüsse

| Lebensmittel | Jan | Feb | Mrz | Apr | Mai | Jun | Jul | Aug | Sep | Okt | Nov | Dez |
|---|---|---|---|---|---|---|---|---|---|---|---|---|
| Äpfel | | | | | | | | ● | ● | ● | ● | |
| Aprikosen | | | | | | | ● | ● | | | | |
| Birnen | | | | | | | | ● | ● | ● | | |
| Brombeeren | | | | | | | | ● | ● | | | |
| Erdbeeren | | | | | ● | ● | ● | | | | | |
| Haselnüsse | | | | | | | | | ● | ● | ● | |
| Himbeeren | | | | | | ● | ● | ● | | | | |
| Johannisbeeren | | | | | | ● | ● | | | | | |
| Kirschen, süß | | | | | | ● | ● | | | | | |
| Mandarinen | ● | ● | | | | | | | | ● | ● | ● |
| Mandeln | | | | | | | | | ● | ● | | |
| Maroni | | | | | | | | | | ● | ● | |
| Mirabellen | | | | | | | | ● | | | | |
| Orangen | ● | ● | ● | | | | | | | | ● | ● |
| Pfirsiche | | | | | | | ● | ● | | | | |
| Pflaumen | | | | | | | | ● | ● | | | |
| Quitten | | | | | | | | | ● | ● | ● | |
| Stachelbeeren | | | | | | ● | ● | | | | | |
| Trauben | | | | | | | | | ● | ● | | |
| Walnüsse | | | | | | | | | | ● | | |

## Kräuter

| Lebensmittel | Jan | Feb | Mrz | Apr | Mai | Jun | Jul | Aug | Sep | Okt | Nov | Dez |
|---|---|---|---|---|---|---|---|---|---|---|---|---|
| Basilikum | | | | | | ● | ● | ● | ● | | | |
| Brunnenkresse | | | | | ● | ● | ● | ● | ● | | | |
| Dill | | | | | ● | ● | ● | ● | ● | | | |
| Estragon | | | | | ● | ● | ● | ● | ● | | | |
| Koriander | | | | | ● | ● | ● | ● | ● | | | |
| Kresse | ● | ● | ● | ● | ● | ● | ● | ● | ● | ● | ● | ● |
| Liebstöckel | | | | | ● | ● | ● | ● | ● | ● | | |
| Oregano | | | | | ● | ● | ● | ● | ● | | | |
| Petersilie | | | | | ● | ● | ● | ● | ● | ● | | |
| Rosmarin | ● | ● | ● | ● | ● | ● | ● | ● | ● | ● | ● | ● |
| Salbei | ● | ● | ● | ● | ● | ● | ● | ● | ● | ● | ● | ● |
| Schnittlauch | | | | ● | ● | ● | ● | ● | ● | ● | | |
| Thymian | ● | ● | ● | ● | ● | ● | ● | ● | ● | ● | ● | ● |

# LAGERUNG UND HALTBARKEIT

| Lebensmittel | Wo und wie lagern? | Haltbarkeit |
|---|---|---|
| **Fleisch** | | |
| Hähnchen, frisch | Kühlschrank, kälteste Stelle*, 0–4 °C | 1–2 Tage gemäß Verbrauchsdatum |
| Hähnchen, gegart o. gebraten | Kühlschrank, kälteste Stelle*, 0–4 °C | 2 Tage |
| zerkleinertes Fleisch (Gulasch, Geschnetzeltes), frische Bratwurst, Fleischspieße, roh | | 1 Tag |
| Schweinefleisch, roh (Scheiben oder Stückware) | in Porzellan- oder Edelstahlschüsseln, abgedeckt z. B. mit einem Teller oder Folie, Kühlschrank, kälteste Stelle*, 0–4 °C | 2–3 Tage |
| zubereitetes Fleisch, gebraten | | 2–3 Tage |
| Rindfleisch, roh; Kalbfleisch, roh (Scheiben oder Stückware) | | 3–4 Tage |
| Hackfleisch unter Schutzatmosphäre | Kühlschrank, kälteste Stelle*, 2–4 °C | Verbrauchsdatum beachten |
| Hackfleisch, roh, lose Ware | Kühlschrank, kälteste Stelle*, 2–4 °C | 6–8 Stunden |
| Hackfleisch, durchgebraten | Kühlschrank, 2–6 °C | 1–2 Tage |
| Kochschinken | Kühlschrank, kälteste Stelle*, 2–4 °C | 3–5 Tage |
| **Fisch und Meeresfrüchte** | | |
| Fisch, frisch | 0–4 °C | 1 Tag |
| Fisch, geräuchert | Kühlschrank, 4–5 °C | bis 3 Tage |
| Fisch, gegart | Kühlschrank, kälteste Stelle*, 2–4 °C | 1–2 Tage |

*) nahe der Rückwand oder auf der Abdeckplatte des Obst- und Gemüsefachs

| Lebensmittel | Wo und wie lagern? | Haltbarkeit |
|---|---|---|
| Krabben-, Garnelenfleisch | Kühlschrank, kälteste Stelle*, 2–4 °C | 1–2 Tage |
| **Milchprodukte** | | |
| H-Milch, geöffnet | Kühlschrank | ca. 7 Tage |
| ESL-Milch (länger frische Milch), geöffnet | Kühlschrank | ca. 20 Tage, gemäß Mindesthaltbarkeitsdatum |
| pasteurisierte Milch/ Schlagsahne, geöffnet | Kühlschrank | ca. 5 Tage, gemäß Mindesthaltbarkeitsdatum |
| Joghurt, geöffnet | Kühlschrank | 4–6 Tage, gemäß Mindesthaltbarkeitsdatum |
| Milchmischerzeugnisse, geöffnet | Kühlschrank | 2–4 Tage, gemäß Mindesthaltbarkeitsdatum |
| Quark, saure Sahne, geöffnet | Kühlschrank | ca. 7 Tage, gemäß Mindesthaltbarkeitsdatum |
| frisch geriebener Käse | | 2–3 Tage |
| geriebener Hartkäse, angebrochene Verpackung | | 2–3 Wochen |
| Frischkäse, angebrochene Verpackung | verpackt, Kühlschrank, dunkel, 4–8 °C | ca. 7 Tage, gemäß Mindesthaltbarkeitsdatum |
| Weichkäse (Camembert) | | 4–10 Tage |
| Schnittkäse am Stück (Gouda, Edamer) | | 10–14 Tage |
| Hartkäse am Stück (Emmentaler) | | ca. 3 Wochen |

| Lebensmittel | Wo und wie lagern? | Haltbarkeit |
|---|---|---|
| Schnittkäse, Hartkäse, geschnitten, in geöffneter Sicht-verpackung | verpackt, Kühlschrank, dunkel, 4–8 °C | ca. 7 Tage, gemäß Min-desthaltbar-keitsdatum |

**Brot**

| Lebensmittel | Wo und wie lagern? | Haltbarkeit |
|---|---|---|
| Weißbrot | Brotkasten, Steintopf, luftdicht, trocken | 1–3 Tage |
| *Mischbrot* | | |
| Weizenmischbrot | | 3–5 Tage |
| Roggenmischbrot | Schnittkante nach | 5–7 Tage |
| Roggenbrot | unten legen, luftdicht, | ca. 7 Tage |
| *Schrotbrot* | trocken (40 % relative | |
| Weizenschrotbrot | Luftfeuchte) | ca. 4 Tage |
| Roggenschrotbrot | | 7–9 Tage |
| Mehrkornschrotbrot | | 7–9 Tage |

**Getreideprodukte**

| Lebensmittel | Wo und wie lagern? | Haltbarkeit |
|---|---|---|
| Haushaltsmehle, Type 405 und 550 | | ca. 1 Jahr, gemäß Min-desthaltbar-keitsdatum |
| | in Gläsern, Dosen oder der Originalverpackung, | |
| Vollkornmehle | trocken, luftig, dunkel, geruchsneutral, bis 15 °C | 4–6 Monate, gemäß Min-desthaltbar-keitsdatum |
| Naturreis und Weißer Reis | | ca. 1 Jahr, ge-mäß Mindest-haltbarkeits-datum |
| | in Gläsern, Dosen oder der Originalverpackung, | |
| Teigwaren, trocken; Vollkornteigwaren, Eierteigwaren, Gemüse-teigwaren, trocken | trocken, luftig, dunkel, geruchsneutral | ca. 1 Jahr, gemäß Min-desthaltbar-keitsdatum |
| Teigwaren u. Reis, gegart | Kühlschrank | 1–2 Tage |

**Gemüse**

| Lebensmittel | Wo und wie lagern? | Haltbarkeit |
|---|---|---|
| Auberginen | bei Raumtemperatur bzw. für 1–2 Tage im Kühl-schrank**, wenn sie dann rasch verbraucht werden | wenige Tage |

| Lebensmittel | Wo und wie lagern? | Haltbarkeit |
|---|---|---|
| Blumenkohl, Brokkoli | im Kunststoffbeutel verpackt, kühler Keller oder Gemüsefach des Kühlschranks | ca. 1 Woche |
| Chicorée | dunkel, in Papier ver-packt im Gemüsefach des Kühlschranks | ca. 1 Woche |
| Chinakohl | in Folie verpackt, vor Ethen schützen, Gemüse-fach des Kühlschranks | ca. 1 Woche |
| Eisbergsalat (ganz oder angeschnitten) | in ein feuchtes Tuch eingewickelt, Gemüse-fach des Kühlschranks | mehrere Tage |
| Feigen, frisch | im Kühlschrank | wenige Tage |
| Feldsalat | gewaschen und trocken, in einem aufgeblasenen Kunststoffbeutel im Gemü-sefach des Kühlschranks | ca. 1 Woche |
| Fenchel | in einem Kunststoff-beutel verpackt, Gemüse-fach des Kühlschranks | ca. 1 Woche |
| Frühlingszwiebeln | kühl, trocken, dunkel, luftig | wenige Tage |
| Grünkohl | im Gemüsefach des Kühlschranks | ca. 2 Tage |
| Gurke | bei Raumtemperatur bzw. für 1–2 Tage im Kühlschrank**, wenn sie dann rasch verbraucht werden | ca. 1 Woche |
| Kartoffeln, frühe | im Netz oder offenen Kunststoffbeutel; 4–6 °C, dunkel | baldmöglichst verbrauchen |
| Kartoffeln, mittelfrühe bis sehr späte Sorten | Lattenrost o. Kartoffel-horde, luftig, dunkel, 4–6 °C, 85–90 % relative Luftfeuchte | 6–8 Monate |

**) nicht mit anderen Früchten zusammen lagern, da ethenproduzierend

| Lebensmittel | Wo und wie lagern? | Haltbarkeit |
| --- | --- | --- |
| Knoblauchzwiebeln | luftig und trocken, bei Zimmertemperatur | einige Wochen |
| Knollensellerie | Gemüsefach des Kühlschranks, nicht zusammen mit nachreifenden Früchten (Äpfeln, Bananen) | ca. 2 Wochen |
| Kohlrabi | | ca. 1 Woche |
| Kürbis, reif | gut belüfteter Raum, kühl, trocken | 4–5 Monate |
| Mangold, Spinat | in Kunststofffolie oder einem feuchten Tuch verpackt, Gemüsefach des Kühlschranks | bis 2 Tage |
| Maroni | kühl | wenige Tage |
| Möhren im Bund, Blätter entfernen | Gemüsefach des Kühlschranks, nicht zusammen mit nachreifenden Früchten (Äpfeln, Bananen) | einige Tage |
| Möhren, im Kunststoffbeutel | | ca. 1 Woche |
| Paksoi | eingewickelt in feuchtes Küchenpapier, Gemüsefach des Kühlschranks | ca. 3 Tage |
| Paprika | in Kunststofffolie oder in einem feuchten Tuch verpackt, Gemüsefach des Kühlschranks | ca.1 Woche |
| Pastinaken | luftig, dunkel, 4–6 °C, 85–90 % relative Luftfeuchte | 6–8 Monate |
| Pilze | Gemüsefach des Kühlschranks, kühl, luftig | 1–2 Tage |
| Porree/Lauch | in einem Kunststoffbeutel verpackt, Gemüsefach des Kühlschranks | ca. 1 Woche |
| Radicchio | im Kunststoffbeutel verpackt oder in ein feuchtes Tuch gewickelt, Gemüsefach des Kühlschranks | ca. 1 Woche |
| Radieschen, Blätter entfernen | in einem Kunststoffbeutel verpackt, Gemüsefach des Kühlschranks | ca. 1 Woche |
| Rosenkohl | in Folie einpacken, vor Ethen schützen, Gemüsefach des Kühlschranks | einige Tage |
| Rucola | in feuchtes Küchenpapier gewickelt, Gemüsefach des Kühlschranks | ca. 2 Tage |
| Salat, gemischt, vorgefertigt | in einem Kunststoffbeutel verpackt, Gemüsefach des Kühlschranks | baldmöglichst verbrauchen, auf Verbrauchsdatum achten |
| Sauerkraut, frisch | in einem verschlossenen Behälter im Gemüsefach des Kühlschranks | 1–2 Tage |
| Schwarzwurzeln | in Zeitungspapier gewickelt, kühl und trocken, auch im Kühlschrank | 2–3 Tage |
| Spargel | in feuchte Küchentücher eingeschlagen, Gemüsefach des Kühlschranks | 1 Tag |
| Spitzkohl | mit Frischhaltefolie umwickelt, kühl, auch im Gemüsefach des Kühlschranks | 2–3 Tage |
| Stangensellerie | in einem Kunststoffbeutel verpackt, Gemüsefach des Kühlschranks | einige Tage |
| Steckrüben | mit Frischhaltefolie umwickelt, kühl, auch im Gemüsefach des Kühlschranks | ca. 1 Woche |
| Süßkartoffeln | luftig, dunkel, 13–15 °C, 90 % relative Luftfeuchte | einige Wochen |

| Lebensmittel | Wo und wie lagern? | Haltbarkeit |
| --- | --- | --- |
| Tomaten | nicht im Kühlschrank, mäßige Zimmertemperatur, 12–16 °C ** | 4–5 Tage |
| Topinambur | in ein feuchtes Tuch gewickelt oder in einem Kunststoffbeutel, Gemüsefach des Kühlschranks | 2–4 Tage |
| Weißkohl, Wirsing | kühler Raum o. Gemüsefach des Kühlschranks | 2–3 Wochen |
| Zucchini | bei Raumtemperatur bzw. für 1–2 Tage im Kühlschrank**, wenn sie dann rasch verbraucht werden | ca. 1 Woche |
| Zuckermais | Gemüsefach des Kühlschranks | ca. 1 Woche |
| Zwiebeln, Gemüse- | kühl, trocken, dunkel, luftig | einige Wochen |
| Zwiebeln, Küchen- | in offenen Kartons oder Kisten, kühl, ohne Laub, dunkel, trocken | einige Wochen |

## Gemüse, zubereitet

| Lebensmittel | Wo und wie lagern? | Haltbarkeit |
| --- | --- | --- |
| Gemüse, gegart | Kühlschrank | 1–2 Tage |
| Reste von Pilzgerichten aus frischen Pilzen | abgedeckt, Kühlschrank, bis 4 °C | 1 Tag |

## Hülsenfrüchte und Sprossen

| Lebensmittel | Wo und wie lagern? | Haltbarkeit |
| --- | --- | --- |
| Hülsenfrüchte (Erbsen, Bohnen), getrocknet, in Fertigpackungen | in fest verschließbaren Gläsern, Dosen oder in Originalverpackungen, trocken, möglichst unter 20 °C | 1–2 Jahre, gemäß Mindesthaltbarkeitsdatum |
| Hülsenfrüchte (Erbsen, Bohnen), frisch | Gemüsefach des Kühlschranks | ca. 1 Woche |
| Gericht mit gegarten Hülsenfrüchten | Kühlschrank, mit Teller oder Frischhaltefolie abgedeckt | 1–2 Tage |

*\*\*) nicht mit anderen Früchten zusammen lagern, da ethenproduzierend*

| Lebensmittel | Wo und wie lagern? | Haltbarkeit |
| --- | --- | --- |
| Sprossen, frisch | in geschlossenen Glas- oder Kunststoffgefäßen, Kühlschrank | 2–3 Tage |
| Sprossen aus geöffneten Konserven | in gelochten Folienbeuteln, Glas- oder Kunststoffbehältnissen, Kühlschrank | 1–2 Tage |
| Tofu, originalverpackt | im Kühlschrank | ca. 1 Monat, gemäß Mindesthaltbarkeitsdatum |
| Tofu, geöffnet | im Kühlschrank, in Wasser eingelegt und bedeckt | 5–10 Tage |

## Kräuter und Gewürze

| Lebensmittel | Wo und wie lagern? | Haltbarkeit |
| --- | --- | --- |
| Kräuter im Bund | in ein feuchtes Tuch gewickelt, im Folienbeutel verpackt, Gemüsefach des Kühlschranks | einige Tage |
| ganze Gewürze (Muskatnüsse, Wacholderbeeren, Pfefferkörner) | verschlossene Originaldose, Zimmertemperatur | ca. 5 Jahre |
| gemahlene Gewürze | verschlossene Originaldose, Zimmertemperatur | ca. 3 Jahre |
| Ingwerknollen | im verschlossenen Behälter, im Kühlschrank | mehrere Wochen |
| Vanillestangen | Glasröhrchen, dunkel, trocken, Zimmertemperatur | möglichst bald verbrauchen |

## Obst und Nüsse

| Lebensmittel | Wo und wie lagern? | Haltbarkeit |
| --- | --- | --- |
| Äpfel | bei Zimmertemperatur | ca. 10 Tage |
| Avocados | zum Nachreifen bei Raumtemperatur 2 bis 5 Tage in Papier wickeln, reif im Gemüsefach des Kühlschranks | ca. 8 Tage |
| Beerenobst (Himbeeren, Erdbeeren) | im Kühlschrank | bis 2 Tage |

| Lebensmittel | Wo und wie lagern? | Haltbarkeit |
|---|---|---|
| Birnen | bei Zimmertemperatur | ca. 1 Woche |
| Granatäpfel | kühl, auch im Kühlschrank | mehrere Monate |
| Grapefruit | 10–15 °C | 2–3 Monate |
| Kaki | kühl, auch im Kühlschrank | mehrere Wochen |
| Nüsse, süße Mandeln (gemahlen, gestiftelt, gehackt) | in Originalverpackung oder in verschließbaren Gefäßen, dunkel, trocken | ca. 6 Monate, gemäß Mindesthaltbarkeitsdatum |
| Obstkompott | Kühlschrank | 2–3 Tage |
| Orangen | kühl, aber nicht im Kühlschrank, bis 10°C | 2–5 Monate |
| Samen (Pistazien, Sonnenblumenkerne) | in Originalverpackung oder in verschließbaren Gefäßen, dunkel, trocken | ca. 6 Monate, gemäß Mindesthaltbarkeitsdatum |
| Schalenobst (Walnüsse, Haselnüsse) | trocken und kühl | ca. 12 Monate |
| Steinobst (Kirschen, Pflaumen, Pfirsiche, Aprikosen) | bei Zimmertemperatur | 2–3 Tage |
| Südfrüchte (Ananas, Bananen, Mango) | kühl, aber nicht im Kühlschrank, bis 10°C | ca. 10 Tage |
| Zitrusfrüchte, vollreif | kühl, wenn nötig, nur kurzfristig im Kühlschrank | 8–10 Tage |
| **Öle und Fette** | | |
| Butter, angebrochen | in der Originalverpackung oder verschließbaren Behältnissen, | 2–4 Wochen, gemäß Mindesthaltbarkeitsdatum |
| Margarine, angebrochen | Kühlschrank | 4–6 Wochen, gemäß Mindesthaltbarkeitsdatum |
| Speiseöl, angebrochen | in der verschlossenen Originalpackung, kühl, maximal 20 °C, dunkel | 4–8 Wochen |

| Lebensmittel | Wo und wie lagern? | Haltbarkeit |
|---|---|---|
| **Zucker und Honig** | | |
| Zucker | verpackt, trocken, bei Zimmertemperatur | nahezu unbegrenzt |
| Honig | in gut verschlossenem Gefäß, trocken, dunkel, bei Zimmertemperatur | 1 Jahr und länger |
| **Konserven, Saucen und Essig** | | |
| Obstkonserven, geöffnet | nach Umfüllen, Kühlschrank, 0–8°C | 2–3 Tage |
| Gemüsekonserven, geöffnet | nach Umfüllen, Kühlschrank, 0–8°C | 1–2 Tage |
| Fischkonserven, geöffnet | umfüllen in verschließbares Gefäß, Kühlschrank, 4–5 °C | 1 Tag |
| Fertigsaucen, Ketchup, Senf, geöffnet | Kühlschrank | 3–6 Monate |
| Oliven in Lake, geöffnet | Kühlschrank | 10–14 Tage |
| Pesto, geöffnet | Kühlschrank | 3–4 Tage |
| Essig, ungeöffnet | Zimmertemperatur | fast unbegrenzt |
| Essig, geöffnet | Flasche gut verschließen, Kühlschrank | ca. 1–2 Monate |
| **Eier** | | |
| Eier, roh | Kühlschrank, Türfach | Verpackungshinweise beachten, ca. 4 Wochen ab Legedatum |
| Eier, hart gekocht (in der Schale) | Kühlschrank, Türfach | 2–4 Wochen |
| kalt angerührte Speisen, die rohe Eier enthalten | Kühlschrank, kälteste Stelle*, | max. 1 Tag |
| Eigelb, Eiweiß, roh | 2–4 °C | 2–3 Tage |

*) nahe der Rückwand oder auf der Abdeckplatte des Obst- und Gemüsefachs

Quelle: Lebensmittelhygiene.
Praxishandbuch zur Lebensmittellagerung im Haushalt.
aid infodienst, Bonn, 2013 (mit Ergänzungen).

# REGISTER

## J

## K

## IMPRESSUM

© 2014 Stiftung Warentest, Berlin

Stiftung Warentest
Lützowplatz 11–13
10785 Berlin
Telefon 0 30/26 31-0
Fax 0 30/26 31-25 25
www.test.de
email@stiftung-warentest.de

USt.-IdNr.: DE136725570

**Vorstand:** Hubertus Primus
**Weiteres Mitglied der Geschäftsleitung:**
Dr. Holger Brackemann
(Bereichsleiter Untersuchungen)

**Programmleitung:** Niclas Dewitz

**Autorinnen:** Rose Marie Donhauser, Sylvia Schaab
**Projektleitung, Lektorat:** Friederike Krickel
**Korrektorat:** Susanne Reinhold, Berlin
**Gestaltung, Illustrationen, Art Direction, Layout:**
Axel Raidt, Berlin
**Fotografien:** Jörn Rynio, Hamburg,
(außer: S. 4, 185: iStock; S. 4, 129: Knut Koops, Berlin;
S. 3, 4, 12, 26, 40, 56, 70, 84, 98, 112, 128, 142, 156,
170, 184, 185: Axel Raidt, Berlin)
**Foodstyling:** Antje Küthe
**Requisitenstyling:** Michaela Suchy

**Produktion:** Vera Göring
**Verlagsherstellung:** Rita Brosius (Ltg.),
Susanne Beeh
**Litho:** tiff.any, Berlin
**Druck:** Grafisches Centrum Cuno GmbH & Co. KG,
Calbe

**ISBN: 978-3-86851-094-2**